中等职业教育“十三五”规划教材

心理健康教育

主　审　黄治乔　劳莉萍

主　编　尹秋云

副主编　石　媛　王　娟

吴天元　文　学

参　编　韦国富　伍　娟　庞文胜

西南交通大学出版社

·成　都·

图书在版编目（CIP）数据

心理健康教育 / 尹秋云主编. —成都：西南交通大学出版社，2019.7（2020.7 重印）
中等职业教育“十三五”规划教材
ISBN 978-7-5643-6940-8

Ⅰ. ①心… Ⅱ. ①尹… Ⅲ. ①心理健康－健康教育－－中等专业学校－教材 Ⅳ. ①G444

中国版本图书馆 CIP 数据核字（2019）第 125043 号

中等职业教育“十三五”规划教材

Xinli Jiankang Jiaoyu
心理健康教育

主编 尹秋云

策划编辑 李晓辉
责任编辑 梁 红
封面设计 原谋书装

出版发行 西南交通大学出版社
（四川省成都市金牛区二环路北一段 111 号
西南交通大学创新大厦 21 楼）
邮政编码 610031
发行部电话 028-87600564 028-87600533
网址 http://www.xnjdcbs.com
印刷 成都蓉军广告印务有限责任公司

成品尺寸 185 mm × 260 mm
印张 9.25
字数 205 千
版次 2019 年 7 月第 1 版
印次 2020 年 7 月第 2 次
书号 ISBN 978-7-5643-6940-8
定价 30.00 元

课件咨询电话：028-81435775

前　言

新时代、新形势、新要求，为贯彻落实《中等职业学校学生心理健康教育指导纲要》《中共中央国务院关于进一步加强和改进未成年人思想道德建设的若干意见》《国务院关于大力推进职业教育改革与发展的决定》《“健康中国 2030”规划纲要》《关于加强心理健康服务的指导意见》以及习近平总书记在 2018 年在全国教育大会上“树立健康第一的教育理念”讲话精神，我们根据中等职业学校学生心理特点和发展的特殊性，组织编写了本教材，向中职学生传递心理健康理念、知识与方法，以培养中职学生积极乐观、健康向上的心理品质，促进中职学生身心可持续发展。

本教材面向全体中职学生，倡导预防为主，重在发展的心理健康教育理念，以提高全体学生心理素质为目标，紧扣中职学生心理发展特点，把内容处理为漫步心理殿堂，追求阳光心态；解密自我意识；发展积极自我；做主多彩情绪，播散心灵阳光；开发心理潜能，学会有效学习；和谐人际交往，共享成长快乐；摆脱成长烦恼，发展健康人格；认识职业内涵，提升职业素质等七个单元。从自我意识、情绪管理、人际交往、有效学习、健康人格培养、职业规划与管理等角度，帮助学生树立心理健康意识，确立符合自身发展的生活目标，培养职业兴趣，积极应对挫折、适应社会与职业需要，养成自信、自律、敬业、乐群的心理品质。

本教材编写突出积极心理导向。从积极心理学的视角出发，重视学生积极体验的形成、积极人格的培养、积极社区的创建。教材的每一单元都有学习索引、成长案例、心理故事、心理测试、知识链接、拓展训练、成长感悟等七个块板内容，来帮助学生对心理知识的理解、领悟和运用。学习索引开门见山，以美好、希望的语句点明单元重要学习内容，引发学习兴趣；成长案例以学生真实成长案例为引领，突现学生自我成长的价值；心理故事则以动人的、富有哲理的故事描绘心理成长的地图，引起学生心灵的共鸣；心理测试让学生正视自己的心理，并强调正向的解读唤起学生成长的力量；知识链接则为学生补充相关心理知识，拓展知识视野，形成更正确的心理健康认知；拓展训练以素质拓展的体验式项目为内容，构建积极的、正向的活动交往环境，让学生在活动中收获领悟与成长；成长感悟侧重对单元知识的思考与运用，将课本知识向生活延伸，让理论指导学生实践，进一步促进学生心理成长。我们精心构建的学习板块就是希望能淡化心理问题的病态化影响，强调积极的心态对心理成长的重要促进作用，进而激发学生心理发展潜能，培养学生积极乐观、幸福美好、健康向上的心理品质。

本书由黄治乔、劳莉萍老师担任主审，尹秋云老师担任主编，石媛、王娟、吴天元、文学老师担任副主编，韦国富、伍娟、庞文胜老师参与编写。在本书编写过程中，我们借鉴和引用了大量国内外研究成果，广泛参考了各类心理相关书籍，因各种原因，未能与这些成果的著作权人和作者一一取得联系，在此谨表示诚挚的感谢与敬意。由于编者水平有限，书中难免有不足与纰漏之处，恳请广大专家、读者批评指正，并提出宝贵意见，以便我们不断的修正和提高。

编 者

2019 年 4 月

目 录

第一单元

漫步心理殿堂　追求阳光心态

【学习索引】

古希腊哲学家赫拉克利特指出："如果没有健康，智慧就难以表现，文化就无从施展，力量就不能战斗，财富变成废物，知识也无法应用。"可见，健康对人生影响重大，关注健康是人生永恒的主题。而心理健康是健康的重要组成部分，关注健康就是关注生命，保持心理健康可以极大地提高生命的质量。对中职学生来说，心理健康是学有所成、快乐生活的基础。那么，什么是心理健康？心理健康的标准是什么？中职学生心理发展特点有哪些？面对自己与他人的心理问题，如何有效自助及助人？本单元致力邀你走进心理健康的知识殿堂，通过学习，懂得保持乐观态度、积极应对问题、感恩拥有的一切是创造幸福人生的基石。

模块一　认识心理健康

【成长案例】

小丽是某中职学校一年级的学生。开学时，小丽拿到课本，发现有心理健康方面的书，觉得很奇怪。小丽认为自己心理没病，不用上心理健康课，甚至还跟同学说心理健康课是给心理有病的学生上的。上课第一天，小丽的几个同学跟老师说自己心理没病，是不是就不用上心理健康课了？小丽甚至不敢跟心理老师多说话，怕一说话，老师就知道自己在想什么，要做什么，完全没有隐私，非常害怕。

小丽他们的想法正确吗？你是怎么想的呢？

一、心理健康的含义

过去，人们认为健康就是指身体没有病症。而随着人们对自身认识的加深，对“健康”一词有了新的认知，健康的内涵不断更新。1948 年，联合国世界卫生组织（WHO）就将健康定义为：“健康不仅是没有疾病和虚弱现象，而且是生理的、心理的和社会的完好状态。”这一解释表明，健康同时包括了生理健康和心理健康两个方面，一个人在生理、心理和社会适应都处于完满状态，才算是真正的健康。1989 年，世界卫生组织对健康概念进一步加以完善，提出健康应包括四个方面：躯体健康（生理平衡，没有身体病症），心理健康（心理稳定，没有心理障碍），社会适应良好（具有社会适应能力）和道德健康（良好的品质）。强调身心一体，四者相互联系，相互影响。一方面，身体病症可以影响个体的正常心理活动，强烈、持久的心理刺激也可能损害身体健康；另一方面，心理健康与社会适应密不可分，二者互为因果，而道德健康界定在社会道德规范的范畴，跟社会适应紧密相连，从某种意义上说，道德健康属于心理健康的范畴。随着社会的发展，人们生活节奏不断加快，社会竞争日趋激烈，心理问题不断涌现，人们日益重视心理健康，心理健康在某种程度上将成为人类健康的“核心”。那么，到底什么是心理健康呢？

世界卫生组织认为心理健康是一种持续、高效、满意的心理状态，具体包含两层含义：第一，没有心理病症，这是心理健康最基本的条件；第二，心理状态发展良好，这是心理健康最本质的含义，即人的心理处于最佳的发展状态。这样的心理状态被称之为“阳光心态”。具有阳光心态的人，无论是在顺境还是逆境，都能活得很好，即便陷入前所未有的困境，也能拨开迷雾，寻找阳光，温暖自己与他人。中职学生朝气蓬勃，应拥有阳光般的心态，乐观向上，肯定自我，发挥潜能。

【心理故事】

黄美廉，职业画家、美术教育者，获得加州州立大学洛杉矶分校艺术博士学位，1993 年被评为“中国台湾地区十大杰出青年”。黄美廉出生时，由于医生的疏忽，其脑部神经受到严重伤害，成为脑瘫患者，而且失去了语言表达能力。但她并没有被这些痛苦击败，小学二年级时，在老师的启发下，她确定了当画家的志向。中学毕业后，她进入加州州立大学洛杉矶分校研读艺术，在付出比常人多几十倍的努力后，最终获得了艺术博士学位，而她的画展也轰动了世界。在一次演讲会上，一位学生问她：“黄博士，你从小就长成这个样子，请问你怎么看你自己？你有过怨恨吗？”在场的人都暗暗责怪这个学生，担心黄美廉会受不了。出人意料的是，不能说话的她十分坦然地在黑板上写下了这么几行字：“一、我好可爱；

二、我的腿很长很美；三、爸爸妈妈那么爱我；四、我会画画，我会写稿；五、我有一只可爱的猫。最后，她以一句话做结论：我只看我所拥有的，不看我所没有的！她的回答让人震惊，意味深长，道出了人生幸福的真谛。

【心理测试】

你是一个幸福的人吗？

心理学家认为，一个人的心理健康程度与他的幸福感密切相关，心理越健康的人，越容易感到幸福。你是一个容易感到幸福的人吗？请做下面的小测试吧！

下面是一些关于生活感受的问题，请仔细阅读，并回顾自己的生活，根据个人的真实感受做出回答。如果相符，就回答“是”；不相符，就回答“否”；难以确定，就回答“不能确定”。

1. 与你所认识的大多数人相比，你觉得你的生活是比较好的吗？（　　）
2. 你认为你所做的大多数事情都是有意义的吗？（　　）
3. 你相信明天会更好吗？（　　）
4. 大多数情况下你的心情是愉快的吗？（　　）
5. 回顾以往，你觉得你想要的重要东西大多数都得到了吗？（　　）
6. 如果你能够做到，你想改变自己过去的生活吗？（　　）
7. 你相信，不久的将来会有一些愉快的事情发生在你身上吗？（　　）
8. 如果发生了不好的事情，你相信它会往好的方面发展吗？（　　）
9. 你觉得你是一个能与别人和谐相处的人吗？（　　）
10. 你觉得你的大多数朋友都是喜欢你的吗？（　　）
11. 如果人生能够重新选择，你认为你比现在过得好吗？（　　）
12. 与同龄人相比，你觉得你曾经做过许多愚蠢的选择吗？（　　）
13. 你认为一般人的生活是越过越差，而不是越过越好吗？（　　）
14. 你觉得你的生活是平淡无奇的吗？（　　）
15. 如果有好的事情发生在你身上，你会觉得它不会长久吗？（　　）

1～10 题，你回答“是”的次数越多，11～15 题你回答“否”的次数越多，说明你越容易感受到幸福；反之，则越不容易感受到幸福。

二、心理健康的标准

心理健康是一种理想化的心理状态。如何对这种理想化的心理状态进行评估，用什么样的标准来衡量一个人心理健康的状态？在研究和制定中职学生心理健康的标准时，我们参照了国内外一些心理学专家对心理健康标准的论述，结合中职学生的具体情况，我们认为，中职学生心理健康标准应该包括以下九方面的内容。

（一）智力正常

智力正常指具有正常的感知、记忆和思维能力，是人的观察力、注意力、记忆力、想象力、思维力、创造力及实践活动能力等要素的综合体现。智力是我们学习、生活、工作的基本心理条件，也是适应环境变化必备的心理保证。智力是否正常，常表现于其是否正常、充分地发挥了自我效能。智力水平一般用智商反映，通过智力测试获得结果，不同的智力测试量表根据自身的测量体系及结果分析，有自身的分级体系。智商分值大于等于 80 的人往往被认为智力正常。

【知识链接】

比奈–西蒙智力测试

1905 年，法国心理学家比奈和医生西蒙应法国教育部的要求编制了世界上第一份智力测验《比奈-西蒙量表》，创造了测量智力的方法。1908 年发表此量表的修订本，1911 年发表此量表的第二次修订本，该量表适用于 3～18 岁，对于弱智儿童筛查非常有效。第一次世界大战和第二次世界大战期间，人们把该智力测验推广应用到军人的选拔和安置上，获得了极大的成功。不久，《比奈-西蒙量表》被移植到许多国家，我国的吴天敏教授对其进行了修订，并将修订后的《比奈-西蒙量表》命名为《中国比奈测验》。

本测验包括 51 道题，从易到难排列，适用于 2～18 岁的被试，其测试结果等级如表 1-1 所示。

表 1-1　比奈测验的等级

智力等级	智商范围	人群中理论分布率（%）
非常优秀	≥140	1.6
优秀	120～139	11.3
中上	110～119	18.1
中等	90～109	46.5
中下	80～89	14.5
边缘状态	70～79	5.6
智力缺陷	≤69	2.9

韦克斯勒智力测试

韦克斯勒是美国医学心理学家，韦氏智力测验的编制者，是继法国比奈之后对智力测验研究贡献最大的人，其所编的多种智力量表，是当今世界最具权威的智力测验。他先后编制了三个相互衔接的智力量表，分别是《韦氏成人智力量表》，适用于16～74岁的人群；《韦氏儿童智力量表》，适用于6～16岁的人群；《韦氏学龄前及小学生儿童智力量表》，适用于4～6.5岁的人群。1981年，韦克斯勒对《韦氏成人智力量表》进行了修订，新修订的《韦氏成人智力量表》包括11个分测验：

1. 常识。包括33道一般性知识的测试题，测试题的内容很广。主要用于测试被试掌握的知识情况。

2. 图画补缺。包括27张图片，每张图上都有意缺少一个主要的部分，要求被试在规定的20秒内，指出每张图上缺少了什么。该测验用来测量被试的视觉敏锐性、记忆力和细节注意能力。

3. 数字广度。包括14道测试题，主试读出一个2～9位的随机数字，要求被试顺背或倒背，两者分别进行。顺背从3位数字至9位数字，倒背从2位数字到8位数字。总分为顺背和倒背两者的加和。该测验主要测量被试的瞬时记忆能力。

4. 图片排列。包括10套图片，每套由3～5张图片组成。在每道题中，主试呈示一套次序打乱了的图片，要求被试按照图片内容的发生顺序，把图片重新排列起来，使它们成为一个有意义的故事。该测验用来测量被试的分析综合能力、观察因果关系的能力、社会计划性、预期力和幽默感等。

5. 词汇：包括37个词汇，分别写在一张词汇卡片上。通过视觉或听觉逐一呈现词汇，要求被试解释每个词汇的一般意义。例如，“美丽”是什么意思？“公主”是什么意思？词汇测验用来测量被试的词汇知识和其他与一般智力有关的能力。

6. 积木图案。包括10道测试题，要求被试按照图案卡片用4块或9块积木照样排列。每块积木两面为红色，两面为白色，另两面为红白各半。积木图案测验用来测量被试的视知觉和分析能力、空间定向能力及视觉—运动综合协调能力。

7. 算术。包括15道测试题，被试在解答测试题时，不能使用笔和纸，只能用心算来解答。算术测验主要测量被试最基本的数理知识以及数学思维能力。

8. 物体拼配。包括4道测试题，给被试呈现零散的图形拼板，要求其拼配一个完整的物件。物体拼配测验主要测量被试的思维能力、工作习惯、注意力、持久力和视觉综合能力。

9. 理解。包括18道测试题。主试呈现问题，要求被试说明情境。理解测验主要测量被试实际知识、社会适应能力和组织信息能力的掌握情况，能反映被试对于社会价值观念、风俗、伦理道德理解和适应情况。

10. 数字符号。包括93对数字符号，要求被试在规定时间内依据规定的数字符号关系，在数字下方填入相应的符号。该测验主要测量被试的注意力、简单感觉运动的持久力、建立新联系的能力和速度。

11. 类同。包括14组成对的词汇，要求被试概括每一对词义相似之处。该测验主要测量被试的逻辑思维能力、抽象思维能力、分析能力和概括能力。

测试结果按照智商高低，智力水平可分为如下若干等级，如表1-2所示。

表1-2　韦氏智力测验的等级

智力等级	智商范围	人群中理论分布率（%）
极超常	≥130	2.2
超常	120～129	6.7
高于平常	110～119	16.1
平常	90～109	50.0
低于平常	80～89	16.1
边界	70～79	6.7
智力缺陷	≤69	2.2

（二）自我意识良好

自我意识就是一个人对自己的认识，包括对自己生理状况、心理特征及自己周围人的关系等各方面的认识。我们要通过多种渠道认识自己，既要了解自己的长处，也要认识自己的短处，能客观公正地评价自己，摆正自己的位置，既不因自己的优点而自傲，也不因自己的缺点而自卑，接受自己的不足，悦纳自我。做好自我控制、自我监督，自尊、自爱、自强、自律，不断提升自我，发展自己的心理健康水平。

（三）情绪积极、稳定、适中

按情绪带来的体验来分，我们一般把情绪分为积极的情绪和消极的情绪。积极的情绪带来愉悦的体验，而消极的情绪带来痛苦的体验。情绪健康的人乐观开朗，情绪稳定，能保持良好的心境，既能克制又能合理宣泄自己的情绪，情绪的表达既符合社会的要求又符合自身的需要，在不同的时间与场合有恰如其分的情绪表达，能有效地控制、调节、转移消极情绪，避免消极情绪对自己的伤害，对生活和未来充满希望。在日常生活中，我们要以积极的情绪为主，善于调节消极的情绪，维持稳定、适中的积极情绪，使整个身心处于积极向上的发展状态，对一切充满信心和希望。

（四）人际关系和谐

人际关系和谐是心理健康的重要保证。其表现为：敢于与人交往，乐于与人交往，善于与人交往，既有广泛的人际关系，又有知心朋友。在交往中能保持独立，能用真诚、宽容、理解、信任的态度与人相处，善于取人之长，补己之短，宽以待人，乐于助人，与集体保持协调的关系，能正确处理矛盾、化解矛盾、解决人际冲突，能从各种人际关系中得到温暖、友情、爱的体验，从而对生活充满信心。

（五）理想积极适中

理想是对未来生活的向往，对未来发展目标的追求，是人们对未来的一种可能实现的想象。理想是灯，照亮前行的路；理想是舵，指引前进的方向。中职学生正处于青春期，理想对中职学生的成长起着主导的作用。正向适中的理想可以帮助中职学生确定正确的人生方向，成为国家有用的人才，为社会贡献自己的力量；可以使其明确学习目标，保持学习动机，提高学习效率。但如果其理想过于远大，不切合实际，违背社会主流价值，其将偏离正确的发展航向，一事无成。

（六）意志健全

意志是指完成一种有目的的活动时进行的选择、决定与执行的心理过程。行动的自觉性、果断性和顽强性是意志健全的重要标志。意志健全的人对行动目标有清楚的认识，并能有意识地支配和控制自己的行动，能明辨是非，适当而果断地做出决策并付诸实施，能不断调节自己的行为以适应环境。在困难面前，意志健全的人能采取合理的方式，能在行动中控制自己的情绪和言行，顽强拼搏，永不言弃。

（七）行为恰当

人的心理行为随着年龄的增长而不断变化。在人生的不同年龄阶段，都有相应的心理行为表现。心理健康的人，其认识、情感、意志、行为都是符合其所处年龄阶段的基本特征的。中职学生处于特定年龄阶段，应当具有与其年龄和角色相适应的心理行为特征，应体现朝气蓬勃、精力旺盛、勤学多问、积极进取、勇于创新的行为特色，而不是表现出遇事依赖、不善思考、天真幼稚的心理行为。

（八）社会适应正常

适应能力是衡量心理健康的重要特征。社会适应正常的个体能正确认识客观现实环境，能应对环境中的各种困难，能根据环境的特点和自我意识的情况进行协调。中职学生要与社会保持良好的接触，要对社会现状保持正确认识，其思想和行动要跟得上学校、社会的要求，与时代发展相一致，当发现自己的需求、愿望与社会需求发生矛盾时，能够迅速进行自我调节，适应社会的变化。

（九）人格完整

人格是指个体的整体精神面貌，是具有一定倾向性的心理特征的总和。人格的各种特征是有机合成的一个整体，对人的行为进行调节和控制。人格完整是指有健全统一的人格，个人所想、所说、所做都是协调一致的。人格完整包括人格结构和各要求的完整统一，即个体具有正确的自我意识，不产生自我同一性混乱，将积极进取的人生观作为人格的核心，并以此为中心把自己的需要、目标和行动统一起来。

心理健康标准是一种理想的尺度，是我们追求的心理成长目标。在追求心理成长的过程中，心理健康水平是一个不断发展变化的过程，随着时间的推移、环境的变化及自身的成长，每个人的心理健康状态都会发生变化，心理健康标准只是一种衡量尺度，它反映了我们在适应社会生活方面应具备的心理条件，而不是心理健康的最高境界。心理健康的基本要求是心理各方面的均衡发展，是个体与环境的协调，以形成完善的人格品质为最终目的。因此，对心理健康内涵的深度把握，对心理健康标准的正确理解与运用，都需要弄清心理健康本身的特点。

三、心理健康的特点

（一）过程性

心理健康是一种理想的心理状态，但人的心理状态在人与环境的互动中是一个不断变化和发展的过程。绝对的、永远的心理健康并不存在，心理健康与不健康之间没有一条绝对的分界线，而是一种连续、不断变化的状态，心理健康永远在路上，我们要做的就是积极地享受成长的过程。

（二）相对性

心理健康与心理不健康是相对的两种持续的心理状态。一个人偶尔出现一些不健康的心理行为，不能认为是心理不健康，更不能等同于已患心理疾病。因此，不能仅从一时一事或一种偶然的行为就判断他人或自己心理健康或不健康，而是要从持续的心理状态进行全面衡量。

【知识链接】

心理健康灰色区

心理健康灰色区由著名心理学家岳晓东创立，他用纯白、浅灰、深灰、纯黑四种渐变的色彩代表人们不同的心理状态。纯白色表示个体拥有健康人格，有很强的自信力和适应力；浅灰色表示各种原因导致心理存在冲突，需要进行心理调节，个体可以向心理咨询师或社会工作者求助；深灰色表示个体可能具有心理障碍问题，需要心理医生通过临床心理学模式进行治疗；纯黑色表示个体患有精神疾病，需要通过医学模式进行救助。这四种区域没有明显的界线，是一种连续的状态，人的心理状态可以在不同的区域进行转换。如浅灰色的心理状态，经过积极的调节，就会向纯白的区域转化。灰色区的存在让我们知道，有心理问题是正常的，个体应积极加以调整和矫正。

（三）可逆性

心理健康与心理不健康不是泾渭分明的对立面，两者没有绝对的界线。如果个体平时不注意心理保健，就有可能出现心理健康水平下降等问题，这种下降状态一直持续，就有可能出现心理不健康的行为，甚至出现心理疾病，使心理呈现不健康的状态。反之，如果个体的心理处于一种不健康的状态，但只要经过持续不断的心理保健，也能不断提高心理健康水平，成为心理健康的人。因此，当个体意识到心理出现问题或心理发展失衡时，如果能及时地进行自我调节或寻求心理咨询师的帮助，就能有效地解除烦恼，恢复心理健康。

模块二　中职学生的心理发展

【成长案例】

小海是一位活泼外向的中职学生，但近段时间以来，他变得闷闷不乐，也不愿与人说话，班主任经过了解，才知道他近段时间生理变化较大，说话的声音一下子就变得喑哑了，而且胡须猛长，不仅如此，他内分泌还失调。这段时间，有的同学总拿他的变化开玩笑，甚至嘲笑他，他非常难受，甚至不想在学校待了。班主任了解情况后，及时给他普及关于青春期变化的知识，让他理解这些都是正常的现象，他不过是比别人更明显而已，让他不必有负担，同时在班里还召开了青春期变化及应对的主题班会，让同学们明白应如何对待自己和同学的青春期变化。从此，同学们不再嘲笑他，并且经常关心他。在班主任、小海自己和同学们的共同努力下，小海卸下了心理负担，恢复如初。

中职学生的年龄一般在 15 ~ 19 岁，正处于青春发育后期和青年前期。青春期生理上的急剧变化冲击着心理的发展，其身心发展在这一阶段容易失去平衡，再加上人生观、价值观和世界观尚未成熟，老师和家长应正确引导。在这一时期，如果中职学生的身心得到良好的发展，其生理和心理上的巨大潜能便能得到发挥。

一、中职学生心理发展的特点

（一）认知发展特点

记忆上。能自觉地运用意义记忆，同时能有效地运用机械记忆，多方面的记忆效果达到个体记忆的最佳时期。能熟练地运用各种记忆策略，并能有效地提高记忆成绩。但高层次的记忆策略的运用还不够，需要一定的知识和经验的积累。

思维上。有更高的抽象概括性，辩证逻辑思维开始形成，能够运用理论来综合分析各种事实材料。另外，思维的独立性和批判性也有明显的发展。他们思维活跃，经常提出问题，能独立判断是非善恶，不轻信别人的结论，爱评论与议论，希望独立解决问题，但容易产生片面性和表面性，容易以点代面，比较偏激。

（二）情绪发展特点

情绪内容广泛，情绪体验强烈，具有一定的连续性，常对活动充满热情，易振奋、易波动，容易感情用事，有时会出现盲目的狂热与急躁，遇到挫折会产生种种消极情绪。情绪对认知过程影响较大，在情绪适宜的状态下，思维敏捷、记忆迅速、动作协调，而在情绪不佳的状态下，则思维缓慢、思路闭塞、记忆阻滞、动力迟缓。

（三）自我意识发展特点

自我意识增强，要求别人了解自己、理解自己、尊重自己。追求自己内心世界中存在的独特自我，并将注意力集中到发现自我、关心自我的存在上。强烈关注自己的外貌和体征，开始把自己看作是成人，渴望与成人一样具有平等的社会地位与权利，反对从属地位，更反对权威性干涉，在心理上渴望摆脱对父母的依赖，急于展现自己独立的人格。

（四）个性发展特点

兴趣范围进一步扩大，并具有一定的稳定性，性格特征趋向稳定。动机层次提高，对社会各方面的关心程度增强，有一定的评价能力并逐渐转化为决定自己行为的动机，体现出自己的价值取向。意志的独立性和坚持性都有快速发展，自控能力也随之增强。

（五）社会性发展特点

独立生活能力和社会适应能力增强，自我中心突出，常出现与社会意识冲突的现象。交友热情高，随着性意识的增强，开始关注异性，希望引起异性的好感。不再以父母与教师为权威，常以审视的眼光看待父母、教师的行为，并希望父母与教师给予自己足够的尊重。

二、中职学生常见的心理问题

（一）入学适应问题

中职学生进入新的校园，面对生疏的环境、陌生的教师和同学、全新的管理要求和学习方式，难免感到紧张，缺乏安全感，会产生不同程度的压力和心理上的不适应，时常出现焦虑、苦闷、孤独的情况。一些适应能力差的同学会表现出明显的不适应症状，如失眠、注意力不集中、学习效率下降、情绪焦躁、食欲减退等，严重的甚至无法继续学习。

（二）自我意识问题

自我意识是影响心理健康的重要因素，是我们认识自我、发展自我、完善自我的重要条件。但自我意识形成过程漫长，在这个过程中个体往往会出现意识偏差，甚至陷入意识矛盾的状态。如理想自我和现实自我的矛盾；独立性和依赖性的矛盾；理智与情感的矛盾等。一些同学不善于通过多种渠道客观地认识自我，缺乏对自我的客观评价，自我认识不全面，出现认识过高或过低的现象，无法为下一步的心理成长提供自我认识的基础；一些同学尽管对自己有相对客观的认识，但无法接纳自我的不足或缺点，讨厌自己，甚至做出不理智的行为，导致心理问题的出现；而有些同学无法正视自身的不足，陷入自卑的泥潭，不思改变，碌碌无为，自暴自弃，最终一事无成。

（三）情绪情感问题

情绪情感体验激烈，心理承受能力较差，情绪容易产生波动，缺乏理智。在学习生活中，哪怕遇到一点小事情，也容易引发其激烈的情绪，动不动就哭，大喊大叫，摔砸东西。如果与他人发生口角，常争得面红耳赤，甚至以动手来结束争吵，导致矛盾进一步升级。还有的同学对人对事态度冷淡，对他人缺乏同情心，对集体漠不关心，情绪情感冷漠。

（四）学习问题

与初中学习相比，中职学校的学习目标、学习内容、学习要求、学习模式都有了较大的改变，而中职学生学习基础相对薄弱，面对新的学习内容与学习要求，有些同学根本无法适应，再加上中职学生普遍存在学习目标模糊、学习态度消极、学习兴趣缺乏、学习习惯不良、学习方法不当的情况，导致在学习时容易出现应付现象，得过且过，学习效率低下，学习成效不佳。

（五）人际交往问题

良好的人际交往是个人良好的社会适应和心理健康的必要条件。从某些方面来说，中职学生的人际交往更加复杂，更加广泛，更具有社会性，其更希望在交往中展示自己的才能，体现自己的价值，得到他人的认可。但由于交往认识、交往能力、个性因素、交往经历等影响，他们在交往中往往会遇到各种困难和挫折，从而产生人际交往问题，影响其健康成长。

（六）人格发展问题

人格是一个人整体的精神面貌，包括人格倾向性和人格心理特征两个方面。中职学生大多处于青春叛逆期，其人格发展尚不健全，可能会产生以下心理问题：思想与价值观偏执，理念信念缺乏，生活自由散漫，不思进取；兴趣单一，如有的学生迷恋网络游戏，对其他事漠不关心；意志薄弱，面对困难退缩避让；性格乖张、我行我素、自私自利、任性妄为等。

（七）职业心理问题

“志不立，天下无可成之事。”志向是事业成功的基本前提。在职业生涯规划中，职业志向的确立是职业生涯规划的关键。部分中职学生进入学校学习，对所报读的专业并不了解，对职业与专业的关系更是一无所知，不知道学习哪些职业技能，缺乏基本的职业心理准备。在择业过程中，普遍存在依赖心理，寄希望于家庭或学校帮助自己解决就业的门路。有些同学担心自己学历低，专业技能水平低，害怕毕业即失业，焦虑心理严重。还有些同学则眼高手低，自我估值太高，脱离实际，盲目就业，造成就业困难。

三、中职学生心理健康的影响因素

人的心理健康是一个极为复杂的动态过程，影响心理健康的因素复杂多样，从影响的功能来说，主要包括内在因素和外在因素两大类别。对中职学生来说，其内在因素主要指个体的生理、心理因素，而外在因素主要指家庭因素、学校因素及社会环境因素。

（一）个体因素

1. 生理因素

中职学生正处于青春期发展后期，这一时期神经系统和内分泌系统的变化对个体的自我意识与情绪会产生较大的影响。一方面，这一发育阶段容易产生一些共性的心理健康问题，如情绪反应强烈、心理发展充满矛盾等；另一方面，由于个人发育具有差异性，每个人所产生的心理健康问题又不尽相同。另外，人的身心是一体的，它们相互作用，身体健康状况的变化会影响心理健康。特别是一些较重的慢性疾病、伤残会给他们带来新的适应课题，对其心理健康影响较大。

2. 心理因素

个体心理因素是影响和制约其心理健康的主要内因。主要包括认知、情绪情感、人格特征和心态。认知是人认识外界事物的过程，会影响人的思想观念、思维模式、基本信念及对是非的评价标准。如果某些认知因素失调，就会产生认知的矛盾和冲突。这种冲突会使人产生紧张、焦虑等症状，甚至还会破坏人格的完整性和协调性，影响心理健康。情绪、情感问题既是心理健康水平的标志，也是导致心理健康问题的重要原因。个体若长期处在消极的情绪、情感之中，往往会感到压抑和焦虑，进而产生心理问题。人格特征是心理活动的核心，对个体的心理健康影响最大，产生心理问题的人大多存在自身人格特征的缺陷。如谨小慎微、过于拘谨、追求完美、思维僵化、墨守成规、敏感多疑等。积极心态与消极心态带来的是完全不同的情绪状态。积极的心态会让人心情愉快地投入学习与生活，而消极的心态会让人无精打采、心烦意乱，学习和生活状态也就可想而知。

【知识链接】

十种积极心态

1. 执着：对个人和团队目标、价值观坚定不移。

2. 挑战：勇敢地挺身而出，积极地迎接变化和新的任务。

3. 热情：对家庭、学校具有强烈的感情，对自己的学习、工作具有浓厚的兴趣。

4. 奉献：全心全意完成各项事务。

5. 激情：始终对未来充满憧憬，做任何事都全力以赴。

6. 愉快：认为生活、工作充满乐趣，愿意与他人分享成功的喜悦。

7. 爱心：助人为乐，懂得感恩。

8. 自豪：因为自身价值或团队成绩而深感荣耀。

9. 渴望：具有强烈的成功欲望。

10. 信赖：相信他人和集体。

（二）家庭因素

家庭是孩子成长的第一个平台，家长是孩子的第一任教师，家庭对中职学生的心理健康影响巨大。有心理专家认为，家庭的结构、家庭人际关系、家庭的教育模式、父母的人格特征都会对孩子的心理健康产生较大影响。一般来讲，单亲家庭、父母离异等往往会影响孩子的心理发展。家庭关系不和，如父母关系紧张、经常吵架，会令孩子形成胆小、敏感和忧郁的个性。父母的教育方式不当，如溺爱、放任或专制，会对孩子成长不利，孩子出现心理问题的概率更高。溺爱式教育往往导致孩子自私、依赖、任性、骄横、情绪不稳等；放任式教育往往导致孩子任性、散漫、无纪律等；而专制式教育往往会导致孩子冷漠、盲从、胆怯、缺乏自尊心和自信心等。

（三）学校因素

学校是中职学生学习、生活的主要场所，对其心理健康产生直接影响。学校的常规管理、专业设置、教育教学设备、教育教学质量、校风班风学风、教师同学等形成一个复杂的、综合的影响环境，影响中职学生的发展。人际关系不协调、单调的校园生活、紧张多样的学习方式都有可能令他们产生心理负担。特别是其中的关键因素——教师，对学生心理发展起着特别重要的影响，其影响可能是积极的，也可能是消极的。如果消极因素得不到有效抑制，就会对学生的发展产生不利影响，而这种影响的最直接后果就是危害学生的心理健康。

（四）社会环境因素

社会环境是指一定的社会文化背景、社会意识形态和社会政治局面等。随着社会、经济的发展，人们的生活方式、价值观念、行为模式都在发生着深刻的变化。而中职学生正处于人生观、价值观形成的关键时期，其心理发展还不成熟，受一些不良社会风气的影响、其心理矛盾冲突加剧，容易形成不良的心理行为，影响身心健康发展。

模块三　中职学生健康心理的培养

【成长案例】

小明是某中职学校二年级的学生，他告诉咨询老师一件令他非常痛苦的事，就是他非常害怕接触女生。原来，在入学的时候，他因为兴奋，做了一个特别女性化的搞怪动作，结果被一个女生看见了，她说从没见过这样的同学，觉得很恶心。他心里直呼倒霉。后来，他发现那名女生居然是他的同班同学，这让他非常担心，怕那名女生认出他，并把自己的糗事在女生中宣扬，影响自己的形象。他刻意对女生敬而远之，慢慢地他发现自己害怕见到女生，并且这种情况越来越严重，现在甚至都不敢靠近女生，只要靠近，他就会出现脸红、出汗等异常症状，这让他痛苦不堪，万般无奈，才选择进行心理咨询。

在漫长的成长过程中，我们总会受到各种因素的影响，出现心理不适，也许我们不以为然，也许我们会及时调节，也许我们会思考如何才能有更健康的心理状态。小明的案例告诉我们，问题如果得不到及时的解决，小毛病也会变成大问题，甚至导致心理障碍的产生。

一、中职学生心理问题的化解

（一）积极进行自我调适

一般而言，当个体有这样或那样的心理问题时，个体会不自觉地进行自我调适，具体的心理调适方法有很多，且不同人采用的方法也不尽相同，但都起到了一定的调适作用。

1. 树立正确的心理调适观念

传统观念认为，一个人有心理疾患是一件特别可怕的事情，很多人一旦有了心理疾患，就会觉得特别紧张、害怕，藏着掖着，生怕别人知道了会用异样的眼光看待自己。事实上，一般的心理问题如同感冒发烧一样，通过及时的求医问药即能解决。因此，面对心理困扰，中职学生要树立正确的心理调适观念，正确认识心理问题，积极寻求帮助，妥善解决问题。

2. 了解相关的心理健康知识

在日常生活中，我们可以有意识地学习一些心理学方面的知识，这样有助于我们了解自己的心理健康状态，提升生活质量。另外，当心理困扰出现时，我们要有针对性地运用心理健康知识。

3. 掌握一定的心理调节技巧

心理调适技巧具有技术性，需要自觉加以学习和训练，熟能生巧，方可自如运用。如心理紧张需要放松，绝大部分人会自然地运用呼吸放松，用身体放松来带动心理的放松，但有些人却说越呼吸越紧张，为什么？这正是因为深呼吸时没把握好呼吸的节奏，肌肉不仅没有得到放松，反而更加紧张，从而情绪也更为紧张。因此，在日常生活中，应了解一些心理调节技巧，掌握心理调节的正确程序和方法，勤加练习，以防万一。

（二）勇敢接受专业心理咨询

中职学生在产生心理问题后习惯于进行自我调适，自我调适这种方式对于解决症状较轻的心理问题比较适用，但当心理压力较大、内心冲突激烈时，或者尽管症状较轻，但自我调节难以奏效时，应主动寻求专业心理咨询师的帮助。

1. 心理咨询的概念和类型

心理咨询是指由专门受过训练的专业人员即心理咨询师，运用心理学以及相关知识，遵循心理学原则，通过心理咨询技术与方法，帮助求助者解决心理问题的过程。有些人对心理咨询存在片面甚至错误的认识，不愿或不敢去心理咨询室，怕被人议论，甚至怕被人当成是“精神病”。其实，心理咨询，尤其是学校心理咨询，面对的是心理正常的、成长发展有困惑需要解决或有心理问题需要调适的人群。根据咨询性质，前者可称为发展性心理咨询，后者可称为健康性心理咨询。发展性心理咨询是指个体在成长的各个阶段都可能产生心理困惑，为适应新的生存环境，为选择合适的职业，为学习或事业的成功，为克服个人弱点等，个体所进行的心理咨询。而健康性心理咨询是当一个心理正常的人，因各类刺激引起焦虑、紧张、恐惧、抑郁等情绪问题，或者因各种挫折引起行为问题时，也就是说，发现自己的心理健康遭到破坏时进行的心理咨询。

【知识链接】

心理正常和心理异常的区分原则

著名心理学专家郭念锋教授从心理学角度切入，以心理学对人类心理活动的一般性定义为依据，提出了心理正常与心理异常区分的三条原则：

1. 主观世界与客观世界的统一性原则。心理是客观现实的反映，任何正常的心理活动或行为必须在形式和内容上与客观环境保持一致。不管是谁，也不管是在怎样的社会历史和文化背景下，如果一个人说他看到或听到了什么，而客观世界当时并不存在引起他这种知觉的刺激物，那么，这个人的精神活动就不正常了，他产生了幻觉。

2. 心理活动的内在协调性原则。人类的精神活动虽然可以被分为认知、情绪情感、意志行为等部分，但它自身是一个完整的统一体，各种心理过程之间具有协调一致的关系，这种协调一致性，保证人在反映客观世界过程中的高度准确和有效。比如一个人遇到一件使人愉快的事，会产生愉快的情绪，手舞足蹈，欢快地向别人述说自己内心的体验，这样，我们就可以说这是正常的精神状态和行为，如果不这样，而是用低沉的语调，向别人讲述令人愉快的事，我们就可以说他的心理过程失去了协调一致性，称为异常状态。

3. 人格相对稳定性原则。人格特征具有稳定性，一旦形成，在没有重大外界变化的情况下，一般是不易改变的。如果在没有明显外部原因的情况下，一个人的个性相对稳定性出现问题，我们也要怀疑这个人的心理活动出现了异常。

心理正常、心理异常、心理健康、心理不健康关系（见图 1-1）

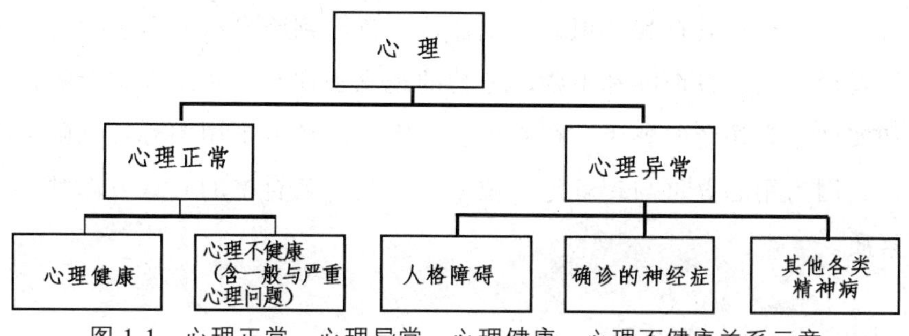

图 1-1　心理正常、心理异常、心理健康、心理不健康关系示意

2. 心理咨询的原则

心理咨询的原则即心理咨询师在心理咨询过程中必须遵循的基本要求。

（1）自愿原则。

自愿原则是心理咨询得以有效进行的首要原则，强调来访学生有发自内心的咨询愿望，主动、自愿地寻求心理咨询服务，这是确立咨访关系的先决条件。没有咨询愿望和要求的人，心理咨询师不会去主动找他（她）并为其进行心理咨询，只有他自己感到心理不适，为此而烦恼并愿意找心理咨询师寻求帮助，才能够解决问题。

（2）保密原则。

为来访者保守秘密是心理咨询师必须要遵守的基本原则。在咨询开始前，心理咨询师有必要向来访者解释并保证咨询信息的保密性。要对来访者的咨询内容保密，妥善保管来往信件、测试资料、咨询档案等材料，不在任何场合谈论来访者的隐私。

（3）认真倾听原则。

在咨询中，心理咨询师应集中精力认真倾听，给来访者充分、足够的时间和机会倾诉，因为认真倾听本身就会起到积极的安慰作用，来访者通过讲述，宣泄心中的不快和苦恼，精神压力得以释放。同时，在倾听的过程中，心理咨询师要表现出足够的同理心。

（4）自助助人原则。

自助助人指咨询师通过心理咨询帮助来访者增强自己的能力，授之以“渔”。心理咨询不是为来访者出主意、想办法，而是帮助来访者理清思绪，将问题解决当成是一次学习的机会，使其意识到问题所在，找出解决问题的方法，提升心理素质。因此，咨询本身就是一个来访者学习并成长的过程。

（5）理解与尊重原则。

理解与尊重原则主要指对来访者所暴露的思想、行为表现不给予任何批评和是非评价，而是鼓励其自我认识、自我评价，自己判断自己的思想、行为表现。无论来访者说什么，咨询师都不要以道德的观念去评判，要从来访者的角度考虑问题，切实体会来访者的感受。在心理咨询室，来访者不用担心咨询师会嘲笑、轻视自己，因为用心尊重与理解每一位来访者是一名合格的心理咨询师必须具备的基本素质。

二、中职学生健康心理的培养

（一）持之以恒，养成健康的生活方式

生活方式对心理健康的影响非常大，健康的生活方式能促进人的心理健康。一般而言，健康的生活方式是指生活有规律、劳逸结合、科学用脑、坚持体育锻炼、不饮酒、不吸烟、讲究卫生等。对于中职学生来说，健康的生活方式包括：合理作息，正常起居，早睡早起；平衡膳食，坚持吃早餐，体重保持正常水平；科学用脑，实行时间管理，劳逸结合，张弛有度；积极休闲，适量运动，不吸烟，不喝酒。坚持健康的生活方式，中职学生才能应对繁忙的学业，提高学习效率，保持心理健康。

（二）树立远大理想，锻炼意志品质

爱因斯坦曾说过，“完美的性格和钢铁般的意志比智慧和博学更重要。”一个人如果没有顽强的意志，干什么都不会成功。我们要想锻造坚强的意志，就必须树立远大理想，志存高远。人们常说，有志者，事竟成。远大的理想是一个人克服困难、勇往直前的巨大动力。正如俄国作家车尔尼雪夫斯基指出的：“人的活动如果没有理想的鼓舞，就会变得空虚而渺小。”另外，我们要培养坚强的品质，就必须从小事做起，积极克服困难。

（三）保持学习欲望，开发心理潜能

中职学生只有不断进取、勇往直前，才能与时俱进。学习是中职学生的主要任务，中职学生只有保持求知欲望，才能自觉将主要精力放在学习上，以提高自己的人文素养、心理素质和专业素养，更好地适应社会发展的需要。中职学生要不断追求，敢于实践，不怕困难，全面发展自己。如果说走出心理误区、预防心理疾病是心理健康的最低层次，那么认清自己具有哪些潜能，保持良好的心理状态，全面充分地发展自己，科学而有创造性地生活，便是心理健康的最高境界。

（四）投身实践活动，构建支持系统

我们要积极地、主动地参加各种实践活动，如社团活动、兴趣小组、社会考察、生产实习、毕业实践、勤工助学、参观学习等。在活动中全面提高自身素质，通过群体交往活动，理解人与人之间的关系，体验友谊与沟通的快乐，开阔视野，在活动中展现自己的长处，获得自信。另外，在广泛的实践活动中，扩大人际交往范围，认识不同层次、不同地域、不同年龄的朋友，这样，在遇到心理问题、

遭遇心理困扰、面临挫折与压力时，就可以得到广泛的社会支持，很多问题就会迎刃而解。

（五）塑造健康人格，促进个性完善

个体要培养良好的个性品质，首先，应正确认识自己，扬长避短，发挥主观能动性，优化个性品质。其次，应努力学习，学习的过程既是增长才干的过程，又是人格完善的过程。很多人的性格缺陷源于知识的贫乏。知识就是力量，正如培根《论读书》中所说："读史使人明智，读诗使人灵秀，数学使人周密，哲学使人深刻，伦理学使人庄重，逻辑修辞使人善辩，凡有所学，皆成性格。"个性的培养是社会化的过程，学习活动可以培养性格，但不是唯一的途径，我们应积极参与人际交往和社会实践活动，以培养独立、自信、热情、开朗、果敢等积极的个性品质。

总之，健康心理的培养过程，既是认识自己、实现自身价值的过程，也是我们不断与社会相互作用，适应社会，为社会创造价值的过程。在这个过程中，我们必然经受迷茫、困苦与磨砺，达到新的心理健康高度，为今后的学习、生活打下良好的基础。

【拓展训练】

训练一：

走出舒服圈

1. 两只手自然地十指交叉相扣 5 秒钟左右，然后再反过来十指交叉相扣 5 秒钟左右，感受和之前动作不同的地方，并说说你的体会。

____

____。

2. 两手十指相扣，按习惯自然地绕手；然后再以相反的方向绕手，感受和之前动作不同的地方，并说说你的体会。

____

____。

3. 反复练习你不习惯的、相反的方向的十指交叉相扣和绕手，感受与第一次操作时的不同体验，并说说你的体会。

____

____。

心理学中有一个概念叫作舒服圈，意思是所有人都活在一个无形的界线里，其中有自己熟悉的环境，与认识的人相处，做自己会做的事，在界线内的我们感到舒服；反之，当我们走出界线时，就会感到不舒服，很自然地想要退回到界线内。这个界线内的部分就是一个舒服圈。训练告诉我们：体验改变习惯的困难及改变习惯的普遍反应；意识到走出自己的舒服圈，不断挑战自己，改变之后皆有可能。

训练二：

心理保健共分享

1. 全班同学分成若干小组，每组 4～6 人。

2. 小组讨论：当你遇到心理问题时，会采取哪些方法？哪些方法是有效的？哪些方法没有效果？每组推荐一名成功解决过自身心理问题的代表，与全班同学分享自己解决心理问题的经历和经本小组讨论认为最有效的解决心理问题的方法。

____

____

______________________________。

3. 面向未来，分小组讨论自己将如何进行心理保健，如何提高自己的心理健康水平。每组推荐一名同学，将本组公认的心理保健的好方法与全班同学分享。

____

____

______________________________。

【成长感悟】

1. 对照心理健康标准，你觉得你哪些心理状况需要调整呢？你打算如何去做？

____

____

______________________________。

2. 学校的心理咨询是什么性质的咨询？什么样的人可以去学校心理咨询室咨询呢？

____

______________________________。

3. 你的学校有心理咨询机构吗？如果有，它在哪儿？什么时候开放？有哪些咨询老师？预约电话是多少？

____

____。

4. 学完本单元课程，你会制订健康心理的养成计划吗？如果有，请直接写出你的计划。如果没有，请仔细思考后，再描述你的计划。

____

____

____

____

____。

第二单元

解密自我意识　发展积极自我

【学习索引】

俗话说："人贵有自知之明。"可见，认识自己、了解自己对于一个人的成长和发展有着重要的作用。人的一生都在寻找自我、体验自我、完善自我和超越自我，这是生命赋予每个人的神圣使命。对于中职学生而言，"自我"是大家特别关注的一个主题。"我是谁？""我去向何方？""我该如何把握将来？"诸如此类问题时常困扰着我们。那么，什么是自我意识？自我意识包含哪些内容？我们又将如何认识自我、悦纳自我、发展自我呢？本单元致力与你一起走进自我意识的秘境，探寻自我的奥妙，助你在认识自我、接受自我、欣赏自我的基础上，发展积极、健康的自我。

模块一　自我意识概述

【心理故事】

有个叫张三的衙役押送一名和尚去外地服役，为避免途中押送出现闪失，他每天早晨都会把所有重要的东西全部清点一遍。例如，他先摸摸包袱，自言自语地说："包袱在。"又摸摸押解和尚的官府文书，告诉自己说："文书在。"然后他再摸摸和尚的光头和系在和尚身上的绳子，又说道："和尚在。"最后他摸摸自己的脑袋说："我也在。"张三跟和尚在路上走了好几天，每天早晨他都这样清点一遍，不缺什么才放心上路，和尚将张三的一举一动都看在眼里。

一天，和尚灵机一动，想出了一个逃跑的好办法。晚上，他俩照例在一家客栈里住了下来。吃晚饭的时候，和尚一个劲地劝张三酒："长官，多喝几杯，没有关系的，顶多再有一两天，我们就该到了。您回去以后，因为押送我有功，一定会被上级提拔，这不是值得庆贺的事吗？是不是值得多喝几杯？”张三听得心花怒放，喝了一杯又一杯，慢慢地，手脚不听使唤了，最后酩酊大醉，躺在床上鼾声如雷……和尚赶快找来一把剃刀，三两下把张三的头发剃得干干净净，又解下自己身上的绳子系在张三身上，然后就连夜逃跑了。

第二天早晨，张三酒醒了，他迷迷糊糊地睁开眼睛，就例行公事地开始清点。他先摸摸包袱说："包袱在。"又摸摸文书说："文书在。""和尚……咳，和尚呢？"张三大惊失色。忽然，他瞅见面前的一面镜子，看见了自己的光头，再摸摸身上系的绳子，就高兴了："呀，和尚在。"不过，他马上又迷惑不解了："和尚在，那么我跑哪儿去了？"

自我，是一个"熟悉的陌生人"，我们常常对它熟视无睹。

一、自我意识的含义

自我意识是个人对自己身心状态（比如身高、体重、兴趣、爱好、能力等）以及自己与客观世界的关系（比如人际关系、自己在群体中的地位等）的意识。

自我意识包含自我认识、自我体验和自我监控三种成分，三者相互联系、相互作用。下面从知、情、意三个方面对自我意识进行分析。自我意识的结构如图 2-1 所示。

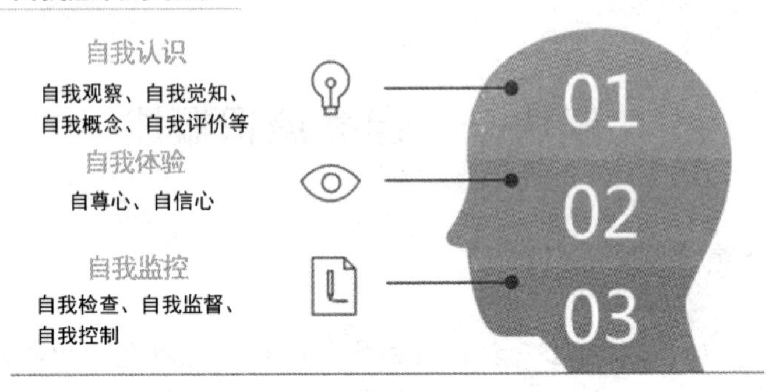

图 2-1　自我意识的结构

知——自我认识。自我认识是自我意识的认知成分，包括自我感觉、自我概念、自我观察、自我分析和自我评价等，是自我意识最重要的部分，主要回答"我是谁？""我是一个什么样的人"以及"我为什么会成为这样的人"。

情——自我体验。自我体验是自我意识的情感内容，主要是基于个体对自身的认识而引发的内心情感体验，包括自尊、自信等。自尊心是指个体在社会比较过程中所获得的有关自我价值的积极的评价与体验，自尊心强的个体往往对自己的评价比较积极；相反，缺乏自尊心的个体往往容易自暴自弃。自信心是对自己的能力是否适合所承担的任务而产生的自我体验。

意——自我监控。自我监控是自我意识对个体行为、态度等的调节，即自己对自身行为和思想态度言语的控制，包括自我检查、自我控制等。个体通过进行自我监控，调节自己的行为，使行为符合群体规范，符合社会道德要求，用行动证明“我能成为什么样的人？”

大量的研究表明，自我意识与心理健康密切相关。能客观认识自我、恰当评价自我、积极悦纳自我，有较强的自尊和自信，能有效调节和控制自我的行为，朝着既定目标努力的自我意识状态，是健康的、积极的心理状态，是个体成功的根基，在个体的成长中发挥着重要的作用。

二、自我意识的发展

（一）自我意识的产生

自我意识是在不断地成长、发展过程中逐渐产生和发展起来的。人一般是先对外界事物、他人产生认识，然后才逐步认识自己。人一出生并没有自我意识，还无法区别自己与外界事物的区别，最直观的证据就是婴儿会把自己身体的某个部位当作玩具，有些年轻的妈妈会发现她们的孩子特别可爱，经常抱着自己的小脚吮吸，甚至有时把自己咬得哇哇大哭。自我意识是在个体与他人的交往过程中，借助他人对自己的看法和评价而发展起来的。心理学家认为，当幼儿可以使用“我”这一人称代词来表示自己时，说明他已经开始意识到自己的心理状态，开始把自己当作主体，与其他客体区分开来，自我意识开始产生。

【知识链接】

自我意识的诞生——阿姆斯特丹等人的点红实验

1972 年，心理学家阿姆斯特丹借用动物学家盖勒帕在黑猩猩研究中使用的点红测验（以测定黑猩猩是否知觉“自我”这个客体）研究婴儿自我觉知，取得了突破性进展。

参与实验的是 88 名 3～24 个月大的婴儿。实验开始，在婴儿毫无察觉的情况下，研究者在婴儿的鼻子上涂了一个无刺激红色小点，然后观察婴儿照镜子时的反应。研究者假设，如果婴儿能立即发现自己鼻子上的红点，并用手去摸它或试图抹掉，表明婴儿已能区分自己的形象以及加在自己形象上的东西，这种行为可作为自我认识出现的标志。

通过观察发现，20～24 个月（即 2 岁左右）的婴儿能明确意识到自己鼻子上的红点并立刻用手去摸，表明这个时期的婴儿已将自己当作一个客体来看待。

（二）中职学生自我意识的发展

中职学生正处于青春期向青年期过渡的阶段，对自我的认识还停留在生理结构层面，对心理结构以及自己与他人关系的认识还处于较为模糊的状态。

1. 自我认识的特点

开始将注意力集中到发现自我、关心自我的存在上，强烈关注自己的外貌和体征。喜欢研究自己的外貌、体态，并有意识地注意自己的仪表，同时非常关注和在意他人对自己的着装的评价，逐渐形成“我”的形象，想要摆脱“中学生娃娃”的形象，在穿着上更贴近成人。对自己的评价开始从外部的、具体的、偶然的特征，逐渐发展到内在的、概括的、稳定的心理特征，并学会从社会道德、品德以及与他人的比较中去观察、分析自己，自我形象的社会化增强。

2. 自我体验的特点

以认识自己为基础的自我体验，更多是以客观的我是否能让“我自己”感到满意为主要的体验准则。通常表现为既有肯定或否定的态度体验，也有积极或消极的体验，是一种相对矛盾又不断变化的自我体验过程。例如：当取得好成绩时，会满意自己的表现，甚至洋洋得意；相反，当出现失误时，则会否定自己的体验，甚至悲观失望，自我体验的波动性较大。

3. 自我监控的特点

随着年龄的增长、生活阅历的丰富以及知识面的扩大，中职学生强烈要求独立和自主，希望摆脱家长的管束以及对家长的依赖。基于对成人形象的渴望，中职学生自我行为控制的自觉性会逐渐增强，会通过价值观、责任感、良心等约束自己的行为，但仍带有一定的盲目性，容易感情用事，甚至会出现不计后果的冲动行为。

模块二　认识自我

【成长案例】

李某，女，17 岁，某中职学校二年级学生。李某家境较好，深受父母宠爱。

她自视甚高，认为自己既聪明又漂亮，经常穿得花枝招展地站在别人面前说：“你怎么就不知道换件衣服呢？”每当有人说别人好时，她就表现出不屑一顾的样子，说：“哼，有什么了不起的，还不是……”同学们觉得李某身上有一种令人不爽的傲气，都不喜欢她。李某说：“我真是冤枉呀，我有什么不对呀，我就是比他们强呀，我吃的、穿的都是一流的，再说了，没有我，联欢晚会能那么热闹吗？没有我，我们班能评上优秀班级吗？我怎么就惹她们讨厌了？我看她们就是嫉妒我！”

我们每天都在扮演不同的角色，不断积累对自己的看法和认识，同时也接受他人对我们的评价。那“我”到底是什么样的人？“我”了解自己吗？这一节课，我们一起来了解自己。

一、认识自我的意义

【心理故事】

斯芬克斯之谜

相传古希腊的奥林匹斯山上居住着西方诸神，包括西方的主神宙斯以及他所统率的众神。凡人是难以涉足神界的，而神的箴言——“人，认识你自己”应该让人知晓。

于是，“狮身人面”的斯芬克斯作为神的使者，带着神对人类的忠告，从奥林匹斯山来到忒拜城堡，驻扎在城堡通向城外的唯一的一条道路上。她把那句神的箴言化作了一个谜语——“什么东西早晨用四条腿走路，中午用两条腿走路，晚上用三条腿走路？”每个路过的人都必须猜一猜她的谜语，如果猜不到，就会被她毫不留情地吃掉。当时忒拜城堡中没一个人知道谜底，因而所有人都陷入恐慌之中。

有一天，一个叫俄狄浦斯的青年路过这里，他猜出了斯芬克斯的谜语，谜底就是人。新生的婴儿不会走路，只能在地上爬，是用“四条腿”走路的；长大了能够直立行走了，是用“两条腿”走路的；但是到了老年，就需要借助拐杖了，是用“三条腿”走路的。

人的一生，从婴儿到成年到晚年，相当于一天中的早晨、中午和晚上。俄狄浦斯解答了斯芬克斯之谜，解救了城堡中的人，斯芬克斯也完成了自己的使命，即告诫人类要认识自己。

有的人可能会说：我就是自己，我怎么可能不认识、不了解自己呢？其实不然，正如上述的心理故事——斯芬克斯之谜，为什么在俄狄浦斯之前那么多路人都没有解开这个谜团？那是因为当局者迷，他们不仅没有看清楚自己，反而在自以为熟悉的地方栽了跟头。古人云："人贵有自知之明。"自知之明，就是自己能了解自己，自己能认识自己。可要做到自知之明难上加难。正确认识自己，对自己的一生具有重要的意义。

全面而正确地认识自我是培养良好自我意识的基础。个体应全面地、正确地认识和评价自己，善于发现自己的优点和长处，弥补自己的缺陷和不足，从而控制自己、改变自己、完善自己，促进自我发展。

【心理测试】

第一步：请你根据自己的实际情况，快速地完成下列10个句子，这些句子都是以"我是________的人"为结构，请你根据自己对自己的认识，补充中间部分的内容。

1. 我是____的人。(　　)
2. 我是____的人。(　　)
3. 我是____的人。(　　)
4. 我是____的人。(　　)
5. 我是____的人。(　　)
6. 我是____的人。(　　)
7. 我是____的人。(　　)
8. 我是____的人。(　　)
9. 我是____的人。(　　)
10. 我是____的人。(　　)

读一读上述自己写的10句话，看看在你的眼中自己是一个怎样的人？你对自己的描述是积极的还是消极的？

第二步：在你列出的每句话的后面加上正号（+1）或负号（-1）。正号表示"这句话表达了你对自己肯定满意的态度"，负号的意义则相反，表示"这句话表达了你对自己不满意、否定的态度"。然后，计算正数与负数的和，如果和为正且其绝对值越大，说明你的自我接纳状况良好；相反，如果和为负且其绝对值越大，表明你不能很好地接纳自己。那么，你需要内省，要一步步地寻找问题的根源，比如是否对自己评价过低？是否正确认识自己？

二、认识自我的策略

（一）多方面认识自我

自我意识包括三个方面的内容：生理自我、心理自我、社会自我。生理（物质）自我是个体对自身生理状态的认识和体验，如对自己的身高、体重、容貌、身材、性别、健康状况等生理特质的意识等，如会采用高大、瘦弱、苗条、强壮等词汇进行描述；心理自我是指个体对自身心理状态的认识和体验，如对自己的知识、能力、情绪、兴趣、爱好、性格、气质等的认识和体验，如采用谨慎、坚毅、果断、独立、乐观、有耐心、爱运动等词汇进行描述；社会自我是指个体对自己与周围关系的认识与体验，如在群体中的地位、名望，受人尊敬、接纳的程度，采用肯合作、引人注意、受欢迎、友好等词汇进行描述。

多方面认识自己，既要了解自己的身体特征、自身能力水平，也要了解自己的性格、与他人的人际关系等，这样才能对自己有一个全面的认识和了解。

（二）多途径认识自我

“当局者迷，旁观者清。”对于自我，我们并不能做到事事清楚、了如指掌，有些部分是我们自己不知道，而身边的亲人、老师、朋友、同学却清楚了解的。因此，可以通过他人的评价，结合自己主观感受和认知，来获得对自我的客观认识。古代思想家墨子曾在《墨子·非攻》中提道：“君子不镜于水而镜于人。镜于水，见面之容；镜于人，则知吉与凶。”这句话的意思是君子不在水中照镜子，而是以人作镜子。在水中照镜，只能看出面容；以人为镜，则可以知自己的对与错。除了通过他人的反馈和评价来认识自我，我们还可以通过经验、经历等认识自我。正所谓“经一事，长一智”，无论是成功还是失败的经验，都是成长道路上的垫脚石。通过自己所做过的事，所取得的成果，所犯过的错误，更清楚地看到自己身上的优缺点，从而取长补短，开发更大的潜能。

【知识链接】

“周哈里窗”模式

心理学家鲁夫特与英格汉提出“周哈里窗”模式，即人的心就像一扇窗，普通的窗包括四个部分，人的心理也是如此。该模式认为，人对自己的认识是一个不断探索的过程，既可从“自己对自己的认识”入手，也可从“他人对自己的认识”入手。“我”也像窗一样具有四个部分，即开放我（也称公众我）、盲目我（也称背脊我)、隐藏我(也称隐私我)、未知我(也称潜在我),如表 2-1 所示。

表 2-1 “周哈里窗”模式

	自己知道	自己不知道
他人知道	开放我(自由活动领域)	盲目我(盲目领域)
他人不知道	隐藏我(逃避或隐藏领域)	未知我(处女领域)

1. 开放我(也称公众我)。自己知道,他人也知道的部分,比如性别、外貌,以及某些可以公开的信息(包括学校、生活所在地、能力、爱好、特长、成就等)。“开放我”的信息多少取决于自我心灵开放的程度、个性张扬的力度、人际交往的广度、他人的关注度、开放信息的利害关系等。“开放我”是自我最基本的信息,也是了解自我、评价自我的基本依据。

2. 盲目我(也称背脊我)。自己不知道而他人却知道的部分,可以是一些很突出的心理特征,比如有人轻易承诺却转眼间忘得干干净净;也可以是一些不经意的小动作或行为习惯,比如一些得意的或者不耐烦的神态和情绪流露,本人察觉不了,除非别人告诉你。因为事先没有察觉,所以当别人告诉自己时,或惊讶,或怀疑,或辩解,特别是听到与自己初衷或想法不相符合的情况时。“盲目我”的大小与自我观察、自我反省的能力有关,通常内省特质比较强的人,盲点比较少,“盲目我”比较小。而熟悉并指出“盲目我”的他者往往也是关爱你的人、欣赏你的人和信任你的人。

3. 隐藏我(也称隐私我)。自己知道而他人不知道的部分,与“盲目我”正好相反。就是我们常说的隐私、个人秘密,不愿意或不能让别人知道的事实或心理状态。身份、缺点、往事、疾患、痛苦、窃喜、愧疚、尴尬、欲望、意念等,都可能成为“隐藏我”的内容。相比较而言,心理承受能力强的人、隐忍的人、自闭的人、自卑的人、胆怯的人、虚荣或虚伪的人,隐藏我会更多一些。适度的内敛和自我隐藏,给自我保留一个私密的心灵空间,避去外界的干扰,是正常的心理需要。没有任何隐私的人就像住在透明房间里,缺乏自在感与安全感。但是隐藏我太多,开放我就太少,如同筑起一座封闭的心灵城堡,无法与外界进行真实有效的交流与融合,既压抑了自我,也令周围的人感到压抑,容易导致误解,造成他评和自评的巨大反差。

4. 未知我(也称潜在我)。自己和他人都不知道的部分,有待挖掘和发现。通常是指一些潜在能力或特性,比如一个人经过训练或学习后,可能获得的知识与技能,或者在特定的机会里展示出来的才干。未知我也包含弗洛伊德提出的潜意识层面，仿佛隐藏在海水下的冰山，力量巨大却又容易被忽视。探索和开发未知我，才能更全面而深入地认识自我、激励自我、发展自我、超越自我。

模块三　悦纳自我

【成长案例】

芳芳是某中职学校一名二年级的学生，她总觉得自己长相一般，性格不讨人喜欢，因此有些自卑，不愿意与同学们一起玩耍。有一天，她偶然在饰品店里看到了一只非常漂亮的发卡，当她戴起发卡时，店员和店里的顾客都说漂亮。芳芳听到大家的夸奖，对发卡爱不释手，满心欢喜地买下了发卡。

芳芳高高兴兴地戴着新买的发卡回到学校，接着神奇的事情发生了：她发现许多平日里不太跟她亲近的同学都非常主动地跟她打招呼；还有一些同学邀请她一起玩耍……原先沉闷的芳芳顿时变得活泼、开朗起来……

一天，芳芳放学回到宿舍，照镜子时发现自己头上那个给她带来自信的发卡不见了，她焦急万分地寻找发卡，发现这个漂亮的发卡一直安静地待在自己的桌面上……原来今早出门急，忘记戴了。

那个发卡真的有那么神奇的“魔力”吗？到底是什么让周围的人改变了对芳芳的态度？

人的外貌并不会因为一个发卡而产生翻天覆地的改变，其实改变的只是自身的心态。无论什么时候，都不要讨厌、贬低自己，对于一些无法改变的客观现实，与其天天唉声叹气、怨天尤人，还不如换一种积极的心态，坦然地接受自己，学会以赞赏的眼光去看待自己、接受自己。

一、悦纳自我的定义

悦纳自我，“悦”指的是喜欢、愉悦、愉快的意思；“纳”则是接纳、接受的意思。顾名思义，悦纳自我就是指个体喜欢并愉悦地接受自己，能够正确看待自己。悦纳自我首先要喜欢自己、欣赏自己，并在这一基础上体验价值感、幸福感、愉快感与满足感。其次是理智与客观地对待自己的长处与不足，冷静地看待得与失。心理健康的一个重要标志和表现就是接受自我，悦纳自我。随着生活阅历、社会经验的增加，他人反馈的、自己感知的信息越来越多，其中既有积极、正面的信息，也有消极、负面的信息。悦纳自我则是通过这些信息逐渐对自己有一个恰当、客观、全面的评价，既不会因为自己存在某些能力的缺陷而一味看低自己，也不会因为自己有一些过人之处而盲目高估自己。无论是名人还是普通人，都不是完美无瑕的。“金无足赤，人无完人”，十全十美的人在现实生活中是不存在的。每个人既有优点，也有缺点，既有长处，也有短处。不要时时刻刻抓住曾经的不愉快的事情不放，那样只会给自己带来烦恼，让自己对美好的未来失去憧憬。学会以发展的眼光看待自己，正确对待自己的缺点，学会接纳不完美的自己，保持对生活的信心和对未来的向往。一个人只有建立了正确的自我认知，才能积极地悦纳自我，而悦纳自我是自我意识发展的关键所在。一般而言，悦纳自我包含两个方面的内容：

一是无条件地自我接纳。“无条件自我接纳”是合理情绪疗法创始人、美国心理学大师艾利斯所倡导的。艾利斯建议人们要学会“无条件自我接纳”，个体完全和无条件地接纳自己，无论其行为表现是否明智、正确，或者适当，以及无论他人是否赞成、尊重或者爱自己。无条件的自我接纳就是要接纳自己的全部。一个人的全部，既包括了优点，也包括缺点；既包括优势，也包括劣势；既包括成功，也包括失败；既包括顺境，也包括逆境……人无完人，每个人都有自己的优点和缺点。有些人会更多展示引以为豪的优点，但也不能说明他没有缺点，优点和缺点组合成了一个与众不同、独一无二的“我”。这种接纳不是赞赏自己的一切，而是以一种客观诚实、顺其自然的态度对待自己。不是觉得自己一切都好，而是清晰地看到自己的缺点和优点，然后诚实地接受，就像接受夏天的炎热和冬天的寒冷一样。接受自己不等于不追求进步，还是要用心改变自己的缺点，但是知道改变需要一个过程，要顺其自然。

【心理故事】

由于太贪玩，白岩松小时候的学习成绩很差。一次，他的考试成绩排在全班倒数第二，怕妈妈生气，他竟偷偷把成绩榜撕了。随着年龄的增长，贫寒的家庭环境使白岩松养成了吃苦耐劳、敢于迎接挑战的坚强性格。通过努力，渐渐地白岩松的成绩跟了上来。

高三那年，为了让成绩提高得更快，他把所有学过的课本都找出来，并分类装订：历史书一共有600多页，地理书一共有700多页，语文书一共有1000多页……白岩松每天都要看几十页书，还要做数学题。功夫不负有心人，他终于考上了大学。

现在回想起来，白岩松感慨地说：“青春最可爱的地方就在于有大把的时间可以去挥霍，你可以犯无数的错误，因为你有改正错误的时间，但是当中年这杯下午茶端在你手里的时候，你就知道要赶紧做正确事，因为错了就没有改正的时间了。”

二是喜欢自己，肯定自己的价值和存在，并有愉悦感和满足感。心理学家曾指出：一个人首先要喜欢自己，否则无法喜欢别人。喜欢自己，首先，应学会不再以他人的标准来判断自己的价值，每个人对你的看法各不相同，只有自己的评价才是最重要的，要学会爱自己，减少不必要的自我责备；其次，学会用一种欣赏的眼光去看待周围的每一个人，也包括自己，你会发现每一个人都有属于自己的闪光点，在你乐于接受自己和他人的同时，他人也会接纳你。

二、悦纳自我的策略

（一）战胜自卑

自卑可以说是人与生俱来的一种心理现象，是指对自己持批判或否定的态度，每个人在成长过程中都会因为各种不同的原因而产生或多或少的自卑感。自卑像一把双刃剑，一方面可以使人自暴自弃，散失进取的动力；另一方面，能激发人的雄心，使人奋发图强，以超于常人的努力和汗水来补偿自身的缺陷。因此，只有战胜自卑，才能走向成功。

过低的自我评价会让人产生自卑感，自卑感是对自己不满、否定的情感，往往是自尊心屡屡受挫的结果。容易产生自卑感的人是由于自我认识不客观，往往只看到自己的缺点而忽略了自己的长处，不喜欢自己，不能容忍自己的缺点和不足，否定、抱怨、指责自己，看不到自己的价值，或夸大自己的不足，感到自己什么都不如他人，处处低人一等，丧失信心。

我们要战胜自卑，首先，要清醒地认识到自卑的危害，要有勇气和决心改变自己的心向；其次，通过在自己身上找优点、重温以往成功的经历等方式，重塑自信心，坚定“我很棒”的信念；再次，要根据自己的实际情况和水平，重新调整对自己的期望和目标，确定适合自己的目标水平，并注意区分长期目标和近期目标，以及两者之间的关联性；最后，在日常生活和学习中，先从容易成功的事情做起，不断积累成功的经验，充分体验成功，增强自信心。

（二）克服自负

自负是指不断地放大自己的长处、缩小自己的短处，对人对事持“我好，你不好”“我行，你不行”的态度。在这样的心理状态之下，容易产生盲目乐观的情绪，容易自以为是，而且罔顾自己的实际情感，一味地给自己提出过高的目标要求，当无法完成时，又开始为自己开脱，认为是外在因素才导致失败的。

我们要克服自负，首先，应该看到自己身上的不足，敢于承认自己仍存在许多有待完善的地方；其次，多与他人交往，以一种开放包容的心态去对待和尊重他人，要学会发现周围人的长处和优点，学会欣赏他人，并向他人学习，并能够以一种平和的心态接受他人提出的建议和批评。

（三）保持适度自尊

自尊，亦称“自尊心”“自尊感”，是个人基于自我评价产生和形成的一种自重和自爱，并要求受到他人、集体和社会尊重的情感体验。自尊是自我意识中自我体验的重要成分。美国人本主义心理学家马斯洛将人的需要分成五个层次，即生理需要、安全需要、归属与爱的需要、尊重的需要和自我实现的需要。自尊需要是尊重需要的一部分，是强调自我具备内在的自尊心，人只有产生了自尊的需要，且自尊的需要得到满足的情况下，即对自我满意的情况下才能体验到自尊，也才真正具备了自尊的心理。有位哲人说过：“一个人最大的失败就是不想做自己。”如果对自己的各个方面都不满意，那么，就不会喜欢自己，也就不会有高自尊。美国密歇根大学在对快乐的研究中发现，人们对生活满意并不是因为对家庭、生活、友情或收入满意，而是因为对自己满意。

自尊有强弱之分，过强则成自负，过弱则成自卑。要悦纳自我，实现自我的健康成长，就要保持适度的自尊。适度的自尊首先从自我认可开始，因为没有什么比对自己的评价更有价值、更有说服力的。我们期待别人的认可和尊重，就要先认可和尊重自己。不断强化内心积极自我的声音，如“我觉得自己很棒”“尽管有不足，但瑕不掩瑜，我还是不错的”“我喜欢我自己”等，定能增强自尊的体验，促进自我的发展。

（四）建立自信

自信是对自身力量的确信，深信自己一定能做成某件事，实现所追求的目标，是相信自己有能力实现一定愿望的心理状态。自信必须建立在对自己和对事物的正确认识的基础上。有自信的人往往给人一种阳光、开朗的感觉。只有自己相信自己，他人才会相信你。因此，要学会悦纳自我，就要建立起一种积极的自我观念，以自信的姿态面对学习，面对生活，面对人生。那么如何才能建立自信心呢？我们可以尝试在学习或其他集体活动时挑前面的位子坐，讨论时主动发言，跟别人交流时正视他人，也可以通过练习当众发言增强自信心……拿破仑指出，有很多思维敏捷、天资聪颖的人无法在讨论中发挥他们的长处，并不是他们不想参与，而是因为他们缺少信心。让我们大胆地抓住机会，建立自信，快乐地成长吧。

【知识链接】

自信心的十条规则

英国心理学家克列尔·拉依涅尔提出了十条帮助增强自信心的规则：

1. 每天照三遍镜子

清晨走出宿舍之前，对着镜子修饰仪表，整理着装，务必呈现出最佳状态。午饭后，再照一遍镜子，修饰一下，保持整洁。晚上就寝前洗脸时再照照镜子。消除对自己仪表的不必要的担心，有利于将注意力集中到工作、学习上。

2. 不要总想着自己的身体缺陷

完美无缺的人几乎不存在，对自身的缺陷不要念念不忘，其实，他人并没有那么在意你的缺陷。只要少想，自我感觉就会更好。

3. 你感觉明显的事情，其他人不一定会注意

当你在众人面前讲话感到紧张而面红耳赤时，你的听众可能只是看到你两腮红润而已。事实上你的窘态并没有那么容易被其他人发现。

4. 不要过多地指责别人

如果你经常在心里指责别人，时间一长，你就可能成为爱指责别人的人。应逐渐改掉这种缺点，总爱批评别人是缺乏自信的表现。

5. 多数人喜欢听众

当别人讲话时，你不要急于插话，想以此博得别人对你的好感，你只要认真地倾听就好。

6. 为人坦诚，不要不懂装懂

对不懂的事不要不懂装懂，不然，不仅会损害自身的形象，还会给人留下不诚实的印象；当别人取得成功时要表达钦佩和赞赏之情。

7. 找一个患难相助、荣辱与共的朋友

朋友可以在你需要帮助时及时出现，让你感觉不孤单。

8. 不要试图用酒来壮胆提神

如果你害羞腼腆，那么就是喝再多酒也无济于事。只要你潇洒大方，滴酒不沾也会受到大家的欢迎。

9. 不理会对你有敌意的人

如果某人不爱理你，则不要总觉得是自己的错。对于有敌意的人，可以避免跟他交流。

10. 一定要避免使自己处于一种不利的环境中

当你陷入困境时，一些人会对你表示同情，但他们同时也会感到比你地位优越而在心理上轻视你。

模块四　发展自我

【成长案例】

2001 年，后来某著名销售团队的发起人那时刚中专毕业，揣着远大的志向走出校门，然而残酷的现实给了他们当头一棒。他们一无工作经验，二无社会经验，找工作四处碰壁，有时候一个月没有一分钱收入。他们那时有的在仓库当保管员，有的在药店当营业员，有的给药厂当销售员。

“我们当时每月才 200 元，但我们的信念是一致的，都想从事医药销售行业，自己创业。”曾经很多人嘲笑过他们，他们自己对这个理想也有过怀疑。

经过详细的市场调查后，他们认为：……医药市场肯定长盛不衰，从我国的经济发展速度与水平来看，药品总体需求只会持续上涨。”

从药厂业务员到业务主管，再到独掌一方的省区经理，这期间他们积累了很多的社会经验和人脉资源，能力与智慧也在一步步转型中得到了更加充分的发挥与施展，并在这期间挖掘了人生的第一桶金。他们都逐步踏上了职业经理人的道路。

中职学生正处于意气风发的美好青年初期，对社会充满好奇，充满拼劲。无论是继续升学还是进入职场工作，都渴望实现理想，体现自我价值，一展抱负。这就需要在了解自我、悦纳自我的基础上，一步一步地发展自我、完善自我，争取更大的发展。

一、“理想的我”与“现实的我”

在小学时，老师总会给同学们布置一道作文题——“我的理想”，也许就在那时，一颗颗五颜六色的理想种子就已经在我们心里生根发芽。每一个人每一天都在为改变自己、发展自我而努力，努力靠近心目中那个“理想的我”。理想的我，即个体期待自己应该是个什么样的人，简而言之，就是我希望、我期待我是一个什么样的人，我对自己设定的标准、目标应是什么样的一种理想状态。理想的我，能帮助个体实现目标，同时给予个体积极的心理暗示，给未来指明发展的方向。

理想的我与现实的我之间总会存在一定的差距。心理研究表明，当理想的我和现实的我出现较大差异时，个体内心的矛盾冲突较为明显，甚至会引起心理问题。两者一致时，即当理想的我是建立在个体的实际情况基础之上，且符合所处社会要求和期望时，理想的我会指导现实的我积极适应并有效作用于内外环境，从而促进自我发展。

总的来说，实现理想自我和现实自我的统一性的途径主要有两条：一是努力完善现在的我，使之不断向理想的我靠拢；二是调整、修正理想的我中不切实际的高目标，使之与现实的我趋近。这是双向动态发展的过程，对于我们而言，不断发展、完善自我是非常重要的过程，但不可忽略的是，学会调整和修正对自我过高、过大、过多的目标和任务，使之更符合现实，也是十分重要的。

【心理故事】

鲁迅的选择——弃医从文

鲁迅原本想通过医学启发中国人的觉悟，学医的目的是救治“像我父亲似的被误的病人的疾苦”“战争时候便去当军医，”可见，青年鲁迅把学医看成是能够切实地报效国家、民族的具体途径。但他的这种梦想并没有维持多久就被严酷的现实粉碎了。

在日本，鲁迅经常受到歧视。当时鲁迅的解剖学成绩是 59.3 分，一些人就怀疑是教师藤野严九郎把考题泄露给了他，这使鲁迅深感作为一个弱国子民的悲哀。有一次，鲁迅在一场电影中看到众多的体格强壮但神情麻木的中国人淡然地围观被当作俄国侦探处死的同胞，鲁迅受到极大的打击，他认识到，精神上的麻木比身体上的虚弱更加可怕。于是他弃医从文，离开仙台医学专门学校，回到东京，翻译外国文学作品，筹办文学杂志，发表文章，从事文学活动。当时，他与朋友们讨论最多的是中国国民性的问题：怎样才是理想的人性？中国国民性中最缺乏的是什么？它的病根何在？通过这种思考，鲁迅把个人的人生体验同整个中华民族的命运联系起来，奠定了他后来作为一个文学家、思想家的基本思想基础。

鲁迅弃医从文，就是将自我的理想与实践经历结合起来，能动性地适应环境，根据客观现实不断调整理想的自我，从而使现实的自己不断向理想趋近，并与客观现实环境保持动态平衡。所以，了解自己、清楚社会的发展要求，并在此基础上为自己重新设定理想的自我，才是发展自我的正确道路。

二、发展自我的策略

（一）以发展的眼光看待自己

【成长案例】

小刘是初中三年级学生，学习成绩一般，喜欢玩电脑，业余时间常在体校打篮球。马上要毕业了，填报志愿时，小刘陷入了困境：填报条件比较好的高中，录取的希望不大；父母要自己上职业技术学校，学习热门的计算机专业，但是到毕业时这个专业还会这么热吗？而且，社会发展迅速，中专学历也许不能满足社会对人才的要求；做个职业篮球运动员可能不错，不过……

相信同学们都曾经遇到过类似小刘的苦恼，对自己的未来产生了迷茫。或许，我们忘记了一件至关重要的事——“士别三日，当刮目相看”，人的一生都是动态变化发展的，今天的我不能说明，也不能代表未来的我，我们要以一种发展的眼光去看待自己。时间不会因为一个人有多难过而停滞不前，“如果因为错过今早的太阳而哀伤，也可能会错过今晚的月亮。”困顿时要提醒自己，站在时间的前端，用发展的眼光看待问题中的自己，分析得失，统筹利弊，看清事件本质，从而就能看清自己的问题，并解决问题。古希腊哲学家赫拉克利特曾说过：“人不能两次踏进同一条河流。”即世界是变化的，学会用发展的眼光看待自己，就是将自己放置于不断变化发展的世界中，用动态发展的眼光去看待自己以及周围的人事物，创造有利于未来发展的条件，明晰未来的发展方向。

【知识链接】

人的潜能

1. 人脑

人脑由 140 亿个脑细胞组成，每个脑细胞可生长出 2 万个树枝状的树突，用来计算信息。人脑“计算机”远远超过世界最强大的计算机。

- 人脑可储存 50 亿本书的信息，相当于世界上藏书最多的美国国会图书馆（1 000 万册）的 500 倍。
- 人脑神经细胞间每秒可完成信息传递和交换次数达 1000 亿次。

● 处于激活状态下的人脑每天可以记住四本书的全部内容。

● 人类对于大脑的研究有 2 500 年的历史，然而对自身大脑的开发和利用程度仅有 10%。

2. 人眼的优势

● 人的每只眼睛有 1 亿 3 000 万个光接收器，每个光接收器每秒可吸收 5 个光子（光能量束），可区分 1 000 多万种颜色。

● 人眼通过协调动作，其中的光接收器可以在不到 1 秒钟的时间内，以超级精度对一幅含有 10 亿个信息的景物进行解码。

● 要建造一台与人眼相同的“机器人眼”，科学家预计将花费 6 800 万美元，并且这台“机器人眼”的体积有一幢楼房那么大！

3. 眼脑直映

速读训练记忆原理就在于激活脑、眼潜能，培养阅读者直接把视觉器官感知的文字符号转换成意义，消除头脑中潜在的发音现象，越过由发声到理解意义的过程，形成眼脑直映式的阅读方式，实现阅读提速的飞跃。由于人眼、人脑具有器质优势，因此，只要通过训练激活潜能，就可能达到一目一行、一目十行。

（二）设定目标，实践落实

【心理测试】

“发展自我”计划

我的长期目标是：____________________。

我的短期目标是：____________________。

为达到这两个目标，我的计划是：

第一步：____________________。

第二步：____________________。

第三步：____________________。

第四步：____________________。

第五步：____________________。

你的目标明确而恰当吗？你的计划能如期进行吗？

确立与自我发展相关的目标，这些目标必须是具体、明确且对自己来说是适当的，目标越具体、越明确、越具有可操作性，个体就越容易开始相应的实践行动。不要设定一些过于空洞或是范围较大的目标，例如“我要多读一些书”“我要多锻炼身体”等，应该细分目标，如“我计划每周读 50 页的书”“我每天慢跑 30 分钟”。目标恰当，则是从自身的能力、水平、所处的环境等现实状况进行考量，过难或过易的目标都不利于持之以恒地落实计划，也不利于培养和锻炼人的意志力。

目标一旦确定，就可以制订切实可行的行动计划，其中包括行动的步骤、方法以及具体的衡量标准等。在制订计划时，我们要充分考虑、分析当下的主客观条件、实施步骤的联结性以及实施方法的可行性。需要注意的是，计划的制订一定要实事求是，量力而行，切忌贪快贪多，比如规定自己必须在 2 个月内自学完一学年的课程，或者一天记忆 500 个英语单词，类似这一类明显超出常人能力的计划，只会导致计划进行时的失败体验，打击个体行动的积极性。

（三）积极的心理暗示

心理暗示是指人接受外界或他人的愿望、观念、情绪、判断、态度影响的心理特点。受暗示性是人的心理特征，人无时无刻不被周围的环境所“同化”，在不知不自觉中接受环境带来的影响。“画饼充饥”“望梅止渴”就是心理暗示的作用。心理暗示既可以产生积极的作用，也可以产生消极的作用。积极的心理暗示可以帮助被暗示者稳定情绪、树立自信心以及战胜困难和挫折，消极的心理暗示却会产生相反的效果。

积极的心理暗示能激发个体的潜能，增强个体的能量，让个体拥有掌握自己的信心，而且增强改变自我或控制周围环境的主观体验。美国心理学家詹姆士的研究表明，一个没有受到激励的人，其能力只能发挥 20%～30%；而当他受到激励时，其能力可以发挥 80%～90%。我们应该善于发现自身的优点和特长，在不断进步中获得成功的体验，经常自我激励，以此获得前进的动力。正如 1996 年湖南省高考文科状元欧阳觅剑所说的：“高考前，我把‘高考考我’的心理变成了‘我要高考’的心理。正因为如此，高考前三天，我有一种高考终于来了的快感。”我们也可以给自己积极的心理暗示：

一是每天脸上挂笑容。每天脸上挂笑容，自己开心的同时也能感染周围的人。喜剧演员贾玲曾在春晚的舞台上说过一句话：“爱笑的女孩运气都不差！”这正是运用了积极的心理暗示。

二是给自己设置一条积极的口头禅。“我能行”“我可以”“我很棒”类似这样激励式的口头禅可以潜移默化地激励自己，而且简单的语言表达更容易达到强化的效果。

三是养成记录成功经历的习惯。将每次获得成功的体验和喜悦都记录下来，可以在遇到困难挫折、心情沮丧时重新燃起对成功的渴望，告诉自己：以前能成功，现在、以后也能成功。从心理上充分地肯定自己，保持自我效能感。

“世界上没有完全相同的两片叶子，也没有完全相同的两个人。”在这个世界上，你就是独一无二的，我们认识自己、接纳自己、发展自己，一路探索、一路追寻。刚出生的你是什么样的，这是世界送给你的礼物；你将成为什么样，那是你送给世界的礼物。

【拓展训练】

训练一：

认识自身潜能

1. 课前准备 1 只秒表（或有秒表功能的手机）。

2. 随机向同学提问：“你认为自己一分钟内能击掌多少次？”

3. 挑选认为自己一分钟内击掌次数较多的同学到讲台上进行试验，其他同学自己尝试，教师计时。让参与实验的同学回答规定时间内各自的击掌次数，然后询问其他同学的击掌数。

4. 再次提问：“你认为自己一分钟内能击掌多少次？”引导同学挑战自我极限，认识自身潜能。

5. 教师引导同学练习击掌，增加难度（如增加击掌次数）。

6. 再次试验。

7. 分享体会。

训练二：

发现美好自我

1. 每位同学准备一张纸、一支笔。

2. 分组，每组约 8 人。

3. 每人写下至少 20 个句子（“我喜欢自己，是因为……”），把句子填写完整。

4. 每个人向小组内所有成员大声宣读这 20 个句子。

5. 小组成员向宣读成员反馈，说：“我喜欢你，是因为……”。

6. 每个小组派代表分享自己参与活动的感受。

【成长感悟】

1. 完成本单元学习后，你打算怎样形成较客观的自我认知呢？

____

____

____

____

____。

2. 请同学们填写以下未完成的句子。

（1）我最欣赏自己的外表是______________________________。

（2）我最欣赏自己对朋友的态度是______________________________。

（3）我最欣赏自己对学习的态度是______________________________。

（4）我最欣赏自己的性格是______________________________。

（5）我最欣赏自己对家人的态度是______________________________。

（6）我最欣赏自己做事的态度是______________________________。

填完后你有哪些感想？

____

____。

3. 你的理想我与现实我存在哪些差距？你打算怎样去缩小这些差距？

____

____

____

____。

第三单元

做主多彩情绪　播撒心灵阳光

【学习索引】

俗语常说："人吃五谷杂粮，皆有七情六欲。"简短的阐述，告知了我们人类情绪的丰富多彩。不同的情绪带给人不同的影响与体验。马克思曾说：一种美好的心情，比十服良药更能解除生理上的疲惫和痛楚。可见，积极的情绪能让人心情愉悦，提高做事效率，增进身心健康；而消极的情绪则可能让人心情郁闷，降低做事效率，影响心理健康水平。现代社会发展加快，竞争日趋激烈，生活学习充满了压力和挑战，面对各种不确定的刺激因素，我们难免产生各种情绪。那么什么是情绪？情绪有什么类型和表现？中职学生情绪有什么特点？容易产生哪些具体的消极情绪？我们又如何去管理自己的情绪，进而培养和保持健康的情绪呢？本单元致力与你一起在多彩的情绪里畅游，带你在了解情绪多元影响的基础上领略健康情绪的美好。

模块一　认识情绪

【成长案例】

小璃是某中职学校学前教育专业二年级的学生，学习成绩一直很好，各方面表现比较突出，经常受到老师的表扬。但自从去幼儿园实习，她脸上的笑容就明显减少了，失去了在学校的阳光自信。原来，幼儿园的带班老师对她的表现不是很满意，说话又很直接，让她无法接受，情绪一度低落，做事也更加不合带班老师心意，带班老师连连摇头说："怎么越做越差了呢？你们学校老师可是说你很优秀的！"正是这句话，让她意识到，必须做出样子，让带班老师认可她。于是，她不再关注带班老师对她的态度，对带班老师的批评也不再抵触，而是思考如何去做每一件事，做得不好的事情如何改进。一星期后，带班老师发现了她的优点，说她是可造之才，而小璃也重拾灿烂的笑容，变得更加自信美丽。

情绪是一种极其普遍、复杂的心理现象，它时刻与我们相伴，反映了我们每个人的心理状态。无论我们是欣喜若狂，还是悲痛欲绝；是孤独不安，还是热情奔放，都是在体验着各种各样的情绪变化。那么什么是情绪呢?

一、情绪的概念

情绪是人对客观事物是否符合自己需要而产生的态度体验，是人对客观事物的一种特殊反映形式，是以个体的愿望和需要为中介的一种心理活动。首先，情绪的产生离不开对客观事物的感知。客观事物只有被感知，成为影响个体的客观刺激后，才有可能导致情绪的发生，离开了客观刺激，情绪就会成为无源之水、无本之木。引起情绪的客观刺激既包括发生在主体周围的人及事物等外在刺激，也包括主体本身的身心变化等内在的刺激，这些刺激既可以是具体明显的，也可以是模糊无形的。其次，情绪的产生跟个体的愿望与需要紧密相连。情绪的产生离不开个体的愿望和需要，客观刺激只是情绪产生的源泉，个体的愿望与需要在个体的情绪产生过程中起着关键的作用。只有那些与个体的愿望和需要相联系的客观刺激，才能引起个体的情绪。引起什么样的情绪，取决于客观刺激是否满足个体的某种愿望和需要以及满足的程度。如果客观刺激是符合个体的某种愿望与需要，或者满足的程度达到了个体的预期，个体就会产生积极的情绪。而如果客观刺激不符合或与个体的某种愿望和需要相违背，个体就会产生消极的情绪。另外，情绪的产生与个体的人生观、世界观、价值观有着不可分割的联系。换句话说，情绪与个体对客观刺激的具体认知紧密相连。面对同样的客观刺激，人对其的认知不同，所产生的情绪也会不一样。例如，三位同学在期末数学考试中都考了 65 分，但他们反应却大不相同。一位同学很高兴，因为终于及格了；另外一位同学却很失望，心想怎么才考了这么点分？还有一位同学很平静，认为只要及格就行了。三位同学的不同情绪体验正是源于他们对分数的不同认知。

【心理故事】

境由心生

苏轼是位大才子，佛印是位得道高僧，两人经常一起参禅、打坐。一天，两人又在一起打坐。苏轼问：“你看看我像什么啊？”佛印说：“我看你像尊佛。”苏轼听后大笑，对佛印说：“你知道我看你坐在那儿像什么吗？就活像一堆牛粪。”苏轼回家就在苏小妹面前炫耀这件事。苏小妹冷笑一声对哥哥说：“就你这个悟性还参禅呢，你知道参禅的人最讲究的是什么？是见心见性，你心中有眼中就有。佛印说看你像尊佛，那说明他心中有尊佛；你说佛印像牛粪，想想你心里有什么吧！”

对于同一件事情、同一种遭遇和环境，有人高兴，有人悲伤，其根本原因就在于人的心境不同。在日常生活中，客观刺激是多样性的，人的需要是多样性的，人对事物的认知也是多样性的，因此，人的情绪也是丰富多彩的。那情绪究竟有多少类别呢？

二、情绪的类型

（一）根据情绪的性质来分

1. 快乐

快乐是追求并达到所盼望的目的时产生的情绪体验。快乐的程度与愿望的实现、目的达到的意外性有关。快乐有强度上的差异，从满意开始到愉快，再到快乐，直到狂喜。

2. 愤怒

愤怒是指所追求的目的受到阻碍，愿望无法实现时产生的情绪体验。愤怒的发展和对妨碍物的意识程度有直接关系。大部分愤怒与自身对影响自身成功的障碍的认知程度有关。假如一个人完全看不到是什么妨碍他达到目的，愤怒多半不会产生。

3. 恐惧

恐惧是指企图摆脱和逃避某种危难情景而又无力应付时产生的情绪体验。引起恐惧的重要原因是缺乏处理可怕情景的能力或缺少对付危险的手段。恐惧或许比任何一种情绪更具有感染力。一个旁观者看到处于恐怖状态中的其他人或听到令他恐怖的事时，即便他所处的环境中没有任何能引起他恐怖的因素，他也会感到恐惧。

4. 悲哀

悲哀是指心爱的对象（人或物）失去时，或理想和愿望破灭时产生的情绪体验。悲哀的程度取决于所失去对象的重要性和价值。

以上四种情绪是人类的基本情绪，在基本情绪的基础上，可以派生出多种丰富而复杂的情绪。如与感觉刺激有关的疼痛、厌恶、烦恼、愉快等，与自我评价有关的骄傲、羞耻、内疚、悔恨等。

（二）根据情绪的状态来分

1. 心境

心境是指一种比较微弱、持久并具有渲染性的情绪状态，通常人们称之为心情。心境具有弥散性，某种心境一旦出现，即成为人们心理活动的背景，个体会以同样的情绪来看待周围的事物。我们常说"人逢喜事精神爽"，说的就是一个人高兴时，看什么都是美的。另外，心境还具有长期性，一旦产生，就会在相当长的时间内主导人的情绪表现，有时甚至成为人一生的主导心境。心境有积极的一面，也有消极的一面，它可能表现为快乐的，也可能表现为忧愁的。积极、良好的心境催人振奋，消极的心境使人消极。

2. 激情

激情是指一种突然爆发、强烈而短暂的情绪状态。往往是由强烈刺激或内心出现的强烈对立所引起，并伴随着明显的外部表现，如手舞足蹈、捶胸顿足等。和心境相比，激情的强度更大，但维持的时间一般较短暂。我们常说的暴跳如雷、大惊失色、欣喜若狂都是激情所致。激情具有爆发性和冲动性。当激情爆发的时候，大量心理能量在短时间积聚而出，如疾风骤雨，使得当事人失去理智和对行为的控制力，常做出冲动和不计后果的行为。

3. 应激

应激是指人在出乎意料的紧急情况下所出现的高度紧张的情绪状态。人在应激状态下会产生生理"总动员"式的反应，出现肌肉紧张、血压升高、心率加快或减慢、呼吸明显变化等状态。现实生活中，当出现意外的紧急情况时，人们的反应却不尽相同。有人呆若木鸡，完全没有反应；有人则做出错误的反应，使后果更加严重；也有一些人能做出正确的反应。一般来说，出现应激情况时，有经验的人往往比没有经验的人处理得更好。另外，性格、态度、心理素质水平也决定了一个人的应激能力。

三、情绪的表现

一个人的情绪往往会通过外部的表情动作流露出来，如赞许式点头，会心的微笑。具体而言，情绪大致可以通过四个方面表现出来：

第一是生理变化，如心跳加快、呼吸加快、手掌出汗、血流加速、内分泌变化等。

第二是主观感觉，如感觉愉快、高兴、平和、不安、紧张、厌恶、憎恨、妒忌等。

第三是表情变化，即情绪的外部表现，我们通常称之为表情，包括面部表情、动作表情和声音表情等。如眉头紧皱、嘴角下垂、拳头紧握、肌肉紧绷、眉开眼笑、哈哈大笑等。

第四是行为表现，如打人、骂人、摔东西、抚摸、鼓掌等。

四、情绪与健康的关系

现代医学证明，情绪可以通过大脑影响心理活动和全身的生理活动，积极情绪可以使人体内的神经系统、内分泌系统的自动调节机能处于最佳状态，有利于促进身体健康和心理健康；不良的情绪像病原体一样，会引起身心疾病。美国一位科学家做过一项研究：把人在不同情形下呼出的气体放入一种液体中，液体会产生不同的变化。人平静时呼出的气体并不会让液体产生变化；而人伤心时呼出的气体，则会让液体变成白色沉淀；生气时呼出的气体会让液体变成浑浊的颜色。进一步研究发现，人在生气时的分泌物可以毒死一只老鼠。因此，良好乐观的情绪会促进人的健康，许多研究证明长寿者的最大特点是保持乐观的情绪。

情绪是促使人们为应对各种情境而采取相应的行动的驱动力，是一股非常强大且重要的心理力量，与日常生活中的行为表现、身心健康、人际关系及工作表现等密切相关。个体如果了解并能掌控自身的情绪，就可以产生建设性的行动；如果个体不能掌控自身的情绪，便会处于失控状态，被情绪所左右。

模块二　中职学生情绪特点及常见情绪困扰

【成长案例】

某中职学校2018级计算机2班的宿舍灯火通明，大家都在忙着做第二天要交的作业。突然，电话铃声打破了宿舍的寂静，一位同学连忙接起电话，原来是他初中的一个好友打来的，要跟他聊网络游戏。这位同学很激动地跟好友聊了近10分钟，丝毫没有结束的意思。旁边的一位同学连续给他使了几个眼色他都没在意。

突然，另一位同学把桌子一拍，指着正在打电话的同学说：“打电话不会去外面打吗？不知道我们正在写作业吗？！”打电话的同学一听，很生气地说：“关你什么事，宿舍还不能打电话吗？”两人越说越气，甚至抄起椅子就要动手，其他同学赶紧阻止，才避免了事情的进一步恶化。

中职学生正处于青春后期和青年前期，这一时期情绪丰富多变，相对不稳定，容易受到外界的影响。一方面表现为积极进取，拥有许多积极的情绪，而另一方面也表现出焦虑紧张，出现许多消极的情绪。因此，必须要时刻提醒自己要成为情绪的主人。

一、中职学生的情绪特点

（一）冲动性

中职学生有着既强烈又复杂的感情世界，情绪体验快而强烈，喜怒哀乐常常一触即发，表现出热情、奔放、冲动的特点。尤其是冲动的情绪在群体中往往会变得更为激烈。中职学生有较强的认同感，喜欢模仿，易受暗示，容易受当时的情绪气氛的感染、鼓动，表现出比单个人时更大胆的举止，因为群体可以增强一个人的力量感，同时，在群体中个人可减少其应负的责任。

（二）摇摆性

总体而言，中职学生对情绪已有一定的控制力，但其情绪还是容易波动起伏，学习生活的积极性往往随着情绪起伏而涨落。

（三）弥散性

中职学生情感色彩强烈，爱憎分明，情绪具有较强的弥散性。一种情绪一经产生，就可能超越原来的对象而扩散开来，将情绪转移到类似的其他事物上去，从而难以保持实事求是的客观态度。这主要是由于中职学生尚未形成对事物稳定的、全面的认识，对事物缺乏完整的把握，因而往往轻易对事物加以绝对的肯定或否定，容易用有色眼镜去看待外面的世界，导致情绪迁移，尤其是在同类事件中的迁移。

【心理测试】

情绪稳定性测试

对照你的实际情况，回答下列问题（“是”或“否”）。

1. 尽管发生了不快，仍能毫不在乎地思考别的事。
2. 不计小隙，经常保持坦率诚恳的态度。
3. 习惯于把担心的事情写在纸上并进行整理。
4. 在做事情时，往往具体规划有可能实现的目标。
5. 失败时仔细思考，反省其原因，但不会愁眉不展，整天闷闷不乐。
6. 具有悠闲自娱的爱好。
7. 常常倾听众人的意见。
8. 做事有计划，遇到挫折也不气馁。
9. 无路可走时，能够改变生活方式和节奏，以适应生活。
10. 在学业上，尽管别人比自己强，但仍坚定地走自己的路。
11. 对自己的进步，哪怕只是一点点，都会很高兴。
12. 乐于一点一滴地积聚有益的东西。
13. 很少感情用事。
14. 尽管想做某一件事，但可能性不大时也会打消念头。
15. 往往理智、周密地思考和判断，不拘泥于细枝末节。

每题选择“是”记 1 分，选择“否”记 0 分，将各题得分相加，算出总分。

得分情况分析：0～6 分，说明情绪不是很稳定；7～9 分，说明情绪稳定性一般；10～15 分，说明情绪很稳定。

二、中职学生常见的情绪困扰

（一）焦虑

焦虑是一种类似担忧的反应或是自尊心受到潜在威胁时产生担忧的反应倾向。这是个体主观上预料将会有某种不良后果而产生的一种不安情绪，是紧张、害怕、担忧、烦恼、焦急等相混合的情绪体验。焦虑是中职学生常见的一种情绪状态。适度的焦虑可以让人注意力集中，激发斗志，这是对学习、生活有利的情绪状态。但过度的焦虑则会带来不利的影响。当个体过度焦虑时，常出现心神不宁、惶恐不安、紧张害怕等体验，导致生活、学习出现注意力难以集中、记忆力下降、思维反应慢、动作迟缓等现象，影响学习效率。中职学生的过度焦虑常与自我形象、学习以及人际关系有关。

（二）愤怒

愤怒是由于客观事物与人的主观愿望相违背，或因愿望无法实现而产生的一种激烈的情绪状态。对社会阅历少、正处于青春后期和青年前期的中职学生来说，愤怒是一种常见的、消极的情绪状态。他们遇事缺乏思考，情绪容易冲动，一点小事也能让他们怒不可遏、暴跳如雷，引发冲突。愤怒容易使人丧失理智，导致恶性事件发生。因此有人说："愤怒是以愚蠢开始，以后悔结束。"

（三）冷漠

冷漠是人对外界刺激缺乏相应的情感反应，凡事漠不关心、冷淡。心理学家一般认为，冷漠是个体对挫折情境的一种自我逃避性心理反应，它带有一定的自我保护或自我防御的性质。从表面上看，冷漠的中职学生常游离于群体之外，独来独往，似乎对什么都不感兴趣，情绪平静，但内心却往往有着强烈的痛苦、孤寂和压抑感。要克服冷漠，就要改变认知，积极投身于各种有意义的活动，融入集体，发现自我的价值，发现生活的美好。

（四）自卑

自卑是个体在社会比较过程中形成的对自我价值的消极评价，是一种带有自我否定倾向的情绪体验，是对自我的轻视与不满，即自我评价过低，自己看不起自己。中职学生常常因为自身或社会评价而产生自卑心理。有自卑心理的中职学生言语不多，不愿与人交往，行动上容易退缩、放弃。一般来说，自卑与失败的经历有关，一个人如果只是有一点自卑，那么，经过调整，他很快就能改变，恢复以往的状态。

（五）抑郁

抑郁是一种持续时间较长的低落、消沉的情绪体验，常与苦闷、不满、烦恼、困惑等情绪交织在一起。抑郁情绪的发生多具有针对性，性格内向、孤僻、敏感多疑、依赖性强的人易产生抑郁情绪。一些客观的、意外的因素也可能让我们产生抑郁情绪。

模块三　中职学生情绪管理

【成长案例】

小牵是某中职学校二年级汽修班的学生，平时脾气很暴躁，动不动就发火，同学们都不太愿意跟他交往，这令他很难过，知道别人没有义务承受他的怒火，也知道发怒会给他人造成伤害，影响同学情谊，但他就是控制不住，不知道该怎么办。班主任了解到这一情况，推荐了几本有关心理健康的书给他，让他从中找找控制暴躁情绪的方法，尝试进行情绪管理。小牵改变的愿望非常强烈，因此他认真地看完老师给他推荐的书，并按照书里的提示，在班主任的帮助下，从放松、积极暗示、对事件进行认知分析、离开引起情绪暴躁的环境、同学提醒监督等方面做了大量尝试。两个月后，小牵的脾气有所改变，同学们明显感觉他在进步，不再排斥与他交往，小牵也特别开心，还把自己控制情绪的方法与其他同学分享，帮助别的同学进行情绪管理。

情绪管理既是一门学问，也是一门技术。一个人要成为自己情绪的主人，必先察觉自身的情绪和他人情绪，进而管理自己情绪。中职学生正处于青春期向青年期过渡阶段，身心发展尚未成熟，情绪体验强烈而不稳定，需要采取有效的管理情绪的措施，来避免或消除消极情绪带来的困扰，并在这一基础上，学会培养健康的情绪。

一、正确认识情绪

情绪是人内在的态度体验，有积极情绪和消极情绪之分。积极的情绪能让人心情愉悦，提高做事效率，增进身心健康；而消极的情绪则可能让人心情郁闷，降低做事效率，影响心理健康水平。但“人生不如意之事十之八九”，在复杂的客观环境的刺激下，我们既可能产生积极情绪，也可能产生消极情绪，但无论是积极的情绪还是消极的情绪，都是个人内向信念和外向认知一致性的反应，只要表达适度，对个人而言，都有其存在的意义。我们要认清自我内在的真实感受，察觉自己处于何种情绪，情绪状态是否合理。对于消极情绪，我们要坦然接受，避免沉溺其中，要及时地加以调整，尽快重回积极的情绪状态。

【知识链接】

察觉情绪的方法

察觉情绪是有效管理情绪的重要前提。如果你经常被“莫名其妙”的情绪控制，就需要提升察觉情绪的能力。具体方法如下：

1. 大声说出感觉

找一个安静的地方，大声地把任何感觉不加责任备、不逃避地说给自己听。

2. 记录伤感情绪

随时记录自己因为哪些事件、哪些影视情节、哪些歌曲而开心、悲伤、生气等。通过观察刺激情节与情绪反应之间的关联性，分辨引发喜怒哀乐情绪的真正原因。

3. 回忆童年往事

从过去经验中探索自己的情绪，以便弄清楚自己面对不同情况时为什么会产生这些习惯反应及情绪反应。

4. 关注此时此地的感觉

保持敏锐的察觉力，运用感觉器官去体验外部世界和内部世界，去察觉外在的环境和身体的各种感受，训练自己随时审视内心对各种情绪的反应，随时将注意力从外部转到自己的情绪和感受上。所察觉到的情绪不加任何解释或说明，直接以“我察觉到……”这样的句式加以描述。

二、合理表达情绪

在察觉自己的情绪、了解自己的真实感受后，合理表达情绪也很重要。如果别人没有心情或者没有时间关注你的情绪，而你自己又没有意识到这一点时，沟通也可能受阻，你的情绪可能得不到理解或正确的解读。很多时候，我们常常觉得无法向他人表达自己的情绪，因为有些情绪一旦向他人表达，可能会导致他人的误解或令他人难堪，但别人不会“读心术”，我们不表达，别人又怎么会知道我们真实的感受呢？唯有我们自己表达清楚，别人才有机会了解我们的立场、观点与原则。而情绪的合理表达是一门艺术，需要用心体会与学习。一般而言，我们在表达情绪时，应尽可能多地使用陈述性语气和中性化词汇，尽量回避评价性语言，尤其不要用指责的态度去表达自己的情绪。

【成长案例】

小丽与小芳是某中职学校学前教育专业同宿舍的好朋友。两人每次相约办事，小芳总会迟到，碍于情面，小丽每次都忍着，而小芳似乎也理所当然，把迟到当成了习惯。终于有一天，小丽忍无可忍，大声指责迟到的小芳："每次约会你都迟到，你为什么总是这样？从没见过你这样的人！"小芳也气了，大声说："迟到就迟到了，干吗发那么大火，以前也没见你有什么意见啊！哼！"如果小丽在小芳第一次迟到的时候，或者在这次迟到的时候，选择合理的方式把自己的情绪表达出来，你觉得她们还会发生这样的冲突吗？

三、妥善调节情绪

（一）认知改变法

认知改变法是指通过改变我们的认知去改变情绪。美国心理咨询专家艾利斯创建了著名的情绪 ABC 理论。他认为诱发事件 A（Activating Event）只是引发情绪和行为后果 C（Consequence）的间接原因，而引起 C 的直接原因则是个体针对诱发事件 A 的认知和评价而产生的信念 B（Belief），ABC 理论如图 3-1 所示。

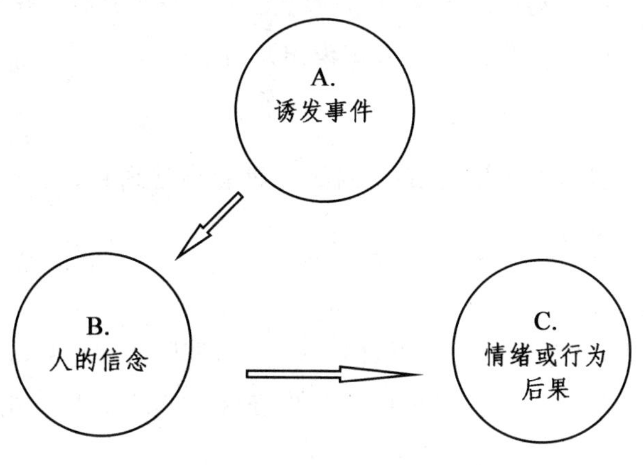

图 3-1　ABC 理论示意

如图 3-1 所示，在 A 和 C 之间，要通过 B 这座桥梁。可见，个人信念对情绪有着直接的影响作用。面对同一件事，因为信念不同，引发的情绪和行为后果也就不同。比如，两位同学同时参加计算机等级考试，结果都以失败而告终。一位同学很平静，认为一次不过就两次，大不了再来过，另一位同学则非常伤心，认为自己付出了那么多的努力，居然没考过，还得再经历一次考试，简直太痛苦了。根据艾利斯情绪 ABC 理论，我们可以通过改变对诱发事件的认知或所持的信念，来改变我们消极的情绪。如果消极情绪是由于我们对诱发事件缺乏客观的认识所引起，那么，我们就需要形成对事物客观、全面的认识；如果是由于我们对诱发事件存在错误或片面的认知，那么，我们就需要学会辩证地、全面地看待事物；而如果是由于我们本身存在一些不合理的信念，那我们就需要改变自己。在艾利斯看来，不合理的信念常包括以下五种：

1. 绝对化要求

把事情归为两个极端，不是好的就是坏的，不是黑的就是白的。例如，我一定得让所有人喜欢我，否则我就是个失败者；这件事情这样做就是对的，否则就是错的。

2. 以偏概全（乱贴标签）

把某一消极事件看作一个永远失败的象征。例如，几次与人交往时显得笨拙，就说自己不善于交际，有社交障碍……如果对自己胡乱下定义，往往容易对自己的个性形成歪曲的或错误的认识。

3. 夸大其词

过分夸大某些事物的重要性，或过分贬低某些事物。把某个偶然发生的事件过分夸大使之变得可怕。例如，他是我生命的全部，失去了他，我肯定活不下去；这么简单的事我都做不了，我这一生肯定没出息等。

4. 情绪推理

将感性当理性，凡事跟着感觉走。例如，我能感觉到它，所以它一定是真实的；我喜欢，所以我没办法。

5. 人格化

认为自己是引起某一消极的外在事故的原因，而实际上却不必为它负主要责任。

艾利斯认为不合理信念的改变可以分三步进行，如图 3-2 所示。

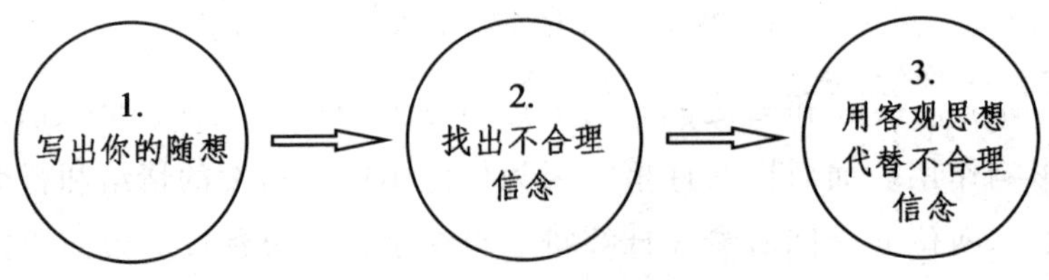

图 3-2 改变不合理信念的步骤

第一步：当消极情绪产生时，将你当时头脑中出现的随想全部写在纸上，想到什么就写什么。

第二步：当所有随想都写下来之后，对每一种随想进行分析，将其与前面的不合理信念进行对照，找出你的不合理信念，并准确地揭示你对事实的歪曲认识。

第三步：练习对不合理的信念进行无情的反击，以客观的思想取代不合理的信念。

（二）合理宣泄法

宣泄是指通过一定的方式和方法，把消极的情绪体验充分表达出来。其实每个人天生就会情绪宣泄，当遇到消极情绪时，我们会选择用自己的方式将体内因消极情绪带来的躁动的力量宣泄出来。因为只有当这种情绪力量宣泄出来之后，我们心情才会恢复平静。那么，心情烦闷时，你会选择何种渠道去宣泄呢？是倾诉还是用书面文字表达？是以哭泣、大喊大叫、运动或摔东西、打人、骂人等肢体行为去表达，还是其他方式呢？情绪需要得到宣泄，如果让它在体内聚集，会影响身心健康。但无论我们采用何种方式宣泄，都需要遵循不伤害的原则。既不要伤害别人，也不要伤害自己；不要损坏公物，也不要损害自己或他人的物品，更不要危害社会。这样才能让宣泄起到放松情绪、调节心情的效果。

【心理故事】

一位长老在本该闭门思过的日子悄悄去打高尔夫球，一个天使巡逻时发现了他，就跑去向上帝告状，说：“某长老没有认真地闭门思过，而是外出打球。”上帝说：“居然有这种事，我一定惩罚他。”天使回到长老打球的地方，想看看上帝怎样惩罚他。结果他看到长老打得顺风顺水的。天使很奇怪，问上帝说：“您赶紧惩罚他。”上帝说：“你放心吧，我会惩罚他的。”天使又飞回到高尔夫球场上空，看见长老还在兴奋地打球，而且还是打得特别好。天使很生气，飞回到上帝那里，说：“我怎么感觉你在惩罚我，没在惩罚他呢？”上帝说：“我已经惩罚他了。”天使不懂上帝的意思。上帝说：“你看他平时打球的水平那么差，偶尔一次打得这么好，他高兴不高兴？当然很高兴，那高兴他能跟别人说吗？不能，因为他犯错误了。我让他这么高兴的事情只能憋在心里，就是对他最好的惩罚。”

（三）身心放松法

人的身心互相影响，即心理学中的身心一体法则。当我们处于焦虑、紧张的情绪状态时，身体的放松也能促进心理的放松。所以当我们焦虑、紧张、愤怒、抑郁时，可以通过身心放松的方法改善情绪状态。身心放松的方法很多，如逐步肌肉放松、呼吸放松、冥想、催眠等。本单元末的拓展训练环节中介绍了两种具体的自我身心放松法，你可以在教师的带领下进行放松训练，探讨身心放松的乐趣；也可以进行自我放松训练，体验放松后的舒适感觉。

（四）注意力转移法

在消极情绪的调节中，注意力转移法是指将注意力从引起消极情绪反应的刺激情境转移到其他事物上去，或者从事其他活动的情绪调节方法。当消极情绪出现时，我们可以及时地将注意力转移到自己感兴趣的事情上，如打球、远足、看电影、读书等。这样，一方面可以中止不良刺激源的作用，防止消极情绪的泛化、蔓延；另一方面，通过参与新的活动，特别是自己感兴趣的活动，可以增进积极的情绪体验。

（五）其他方法

当处于消极情绪状态时，我们还可以选择其他的方法进行情绪调节。如听一听舒缓的音乐、吃点小甜食，或者寻求社会支持系统的帮助，找自己信任的朋友、家人为自己排忧解烦。

总之，消极情绪的调节方法很多，在日常生活中，每个人都要善于积累调节经验，寻找对自己有效的方式来调节情绪。

四、培养健康情绪

【知识链接】

健康情绪的标准

1. 情绪的基调是积极、乐观、稳定的。
2. 能够调节、控制或避免不良情绪。
3. 情绪反应适度，善于表达、调节自己的情绪。
4. 情绪反应能随着客观情境的变化而变化。

（一）进行积极的自我暗示

从心理学角度讲，心理暗示就是个人通过语言、形象、想象等方式，对自身施加影响的心理过程。这个概念最初由法国医生库埃于1920年提出，他的名言是“我每天在各方面都变得越来越好”。自我暗示分积极和消极两种。积极的自我暗示是人们保持积极情绪的动力源泉，能在不知不觉中对个体的意志、心理以至生理状态产生积极的影响，令个体保持良好的心情、乐观的情绪及自信心，发挥主观能动性，使个体成长为自己期待的样子。

【心理故事】

秀才解梦

有位秀才第三次进京赶考，住在一个经常住的店里。考试前两天他做了两个梦。第一个梦是梦到自己在墙头上种白菜；第二是梦是在一个下雨天，他不仅戴了斗笠还打着伞。这两个梦似乎有着深意，于是他找了一位算命先生解梦。算命先生一听，连连摇头说：“你还是回家吧。你想想，墙头上种菜不是白费劲吗？下雨都戴着斗笠了你还打伞，不是多此一举吗？”秀才一听，心灰意冷，回店收拾包袱准备回家。店老板很奇怪，问：“不是还有两天才考试吗？你怎么不考试就走了呢？”秀才把他的梦和算命先生的话说了一遍，没想到店老板乐了，他还说：“我也会解梦，你这次梦寓意很好啊，你想：墙头上种白菜那是高中的意思，下雨都戴着斗笠了你还打伞，说明你有备无患啊，所以这次你一定要留下来。”秀才觉得有道理，于是积极备考，果然高中，得了个探花。

（二）培养乐观的人生态度

在所有情绪中快乐是最具有积极意义的。法国大作家乔治·桑认为：“心情愉快是肉体和精神的最佳卫生法。”而愉快的心境来自乐观的人生态度。古人云：“人有悲欢离合，月有阴晴圆缺。”生活中，无论你处于什么位置，从事什么职业，有开心的时刻，也会遇到坎坷和不顺心之事。因此，面对生活，我们要保持乐观的人生态度，坦然面对逆境，对人生充满信心，相信经过自己的努力，就可能获得成功。

（三）训练幽默感

幽默是成熟、智慧的表现，是一种乐观、洒脱的生活态度。富有幽默感的人一般都能从多种角度去观察生活中的各种事物和事件，而不会只从消极的方面去观察，在遇到挫折或处境尴尬时，会用幽默的方式去化解困境，保持心境平衡。高尚的幽默是精神的消毒剂，学会幽默，乐观地面对生活，自己才会快乐，才能成为真正的强者。

（四）多做利他之事

“赠人玫瑰，手留余香。”意思是一件很平凡微小的事情，哪怕如同赠人一支玫瑰般微不足道，但温馨之情会常留赠花人和受花人心中。在生活中，我们给予别人帮助，哪怕是一件很小的事情，得到别人的感谢与赞赏，也能给我们带来满足感。因此，多做有益于他人的事情，助人为乐，我们会拥有温暖而满足的心境。

【拓展训练】

训练一：

肌肉逐步放松活动

1. 选好坐姿。选择一种舒服的坐姿：背部靠着椅背，双臂自然下垂，双手搭在膝上，双脚平放，与肩同宽，小腿与大腿成直角，双目微闭，注意力集中于身体动作。

2. 上肢放松。双手用力紧握，两臂缓缓举起，当身体成直角时稍停 1～2 秒，双手用力像紧握住在胸前的一根横杆，双臂用力，体会上肢的紧张感觉。待感到疲劳时，双臂缓缓放在双膝上，此时尽量使双臂和双手的肌肉放松，体会到上肢肌肉、关节、韧带放松的感觉。重复练习上述动作 1～3 次。

3. 腰部放松。用力挺胸直腰，使胸部肌肉和脊柱关节处于紧张状态，坚持 1 至 2 秒，体会紧张的感觉；缓慢放松肌肉和脊椎体会肌肉、关节松弛的感觉。重复练习上述动作 1～3 次。

4. 下肢放松。双脚用力，蹬踏地板，臀部似有离开座椅抬起的感觉 并停留 1～2 秒，使下肢肌肉及髋、膝、踝关节处于紧张状态，体会紧张的感觉；缓缓放松下肢，使肌肉、关节放松，体会松弛的感觉。重复练习上述动作 1～3 次。

5. 颈部放松。用力收领挺颈，使颈部肌肉和关节紧张，坚持 1～2 秒，体会紧张感觉；缓慢放松，下颌上抑，体会颈部松弛的感觉。重复练习上述动作 1～3 次。

值得一提的是，放松练习过程中要注意体会紧张与松弛的感觉及它们的差异。经过一段时间的练习，等你熟悉了这种感觉后你会发现：即使处于紧张焦虑的状态，只要及时回想放松的感觉，也可以达到完全放松的状态。

训练二：

冥想放松（想象放松）

冥想能让人放松，可以使人减少紧张、焦虑、抑郁等情绪，现在已被广泛地应用到心理咨询和心灵成长活动中。

1. 活动准备。准备一个安静或有舒适音乐的环境，身穿宽松的衣服，放松，气沉丹田，也可以选择舒适的平躺姿势。

2. 放松肌肉。闭上双眼，深呼吸，用意识控制你的每一个肌肉群，让全身肌肉处于放松的状态。

3. 进入想象。想象进入你最喜欢的、美好的、安静的自然环境当中。如想象回到童年，走进了儿时常去的小森林。那里的天空蔚蓝，鸟儿在歌唱，鲜花在风中起舞，你闻到了泥土和青草的气息，清清的小溪从身边流过，你坐在小溪边，清凉的山泉亲吻着你的脚丫。你的右边有条小路，弯弯曲曲非常幽静，你听到了昆虫的鸣叫。风轻日暖，时间仿佛静止了，微风一阵一阵拂过你的脸，你所有的烦恼和疲劳都被它拂得干干净净。蓝天、白云、小溪、幽径、绿草、鲜花，一切都让你感到舒服，令你放松。

4. 回到现实。你慢慢地起身，离开小森林，蓝天、白云、小溪、幽径、绿草、鲜花都慢慢地淡化。你的意识越来越清醒，越来越清醒，你慢慢地睁开眼睛，回到了现实。

5. 体会放松的感觉。此时此刻你有什么感觉？是否感觉到了身体轻松、心情愉快、对未来充满信心呢？

____

____

____。

训练三：

放飞你的纸飞机

1. 全班同学分成几组，每组 6～8 人。

2. 每个人在纸上写出最近让自己烦恼的事情，然后折成纸飞机放飞。

3. 按顺序，每个成员选择一架纸飞机，念出纸飞机上所写的内容，并请写这一内容的同学说说写这件事的原因，以及想获得怎样的帮助。

4. 大家针对每位同学提出的问题给出自己的解决办法，并进行讨论。

5. 每位同学在原来的纸飞机上写上对那位同学的祝福与期望，并发回给本人。

通过此次活动你有什么感悟？当你拿到写有祝福和期许的纸飞机后，你又有哪些感受呢？

____

____

____。

【成长感悟】

1. 本单元哪一个内容让你印象最深刻？为什么？

____

____

____。

2. 面对消极情绪，你曾经使用过哪些情绪调节的方法？对照课程学习内容，你以后会采取哪些调节消极情绪的方法呢？为什么？

____

____

____

____。

3. 如果你需要发展健康情绪，你会怎么做呢？请简单地写下你的打算。

____

____

____

____。

第四单元

和谐人际交往　共享成长快乐

【学习索引】

马克思曾说："交往是人类的必然伴侣。"亚里士多德也曾经指出：一个与他人从不联系，能独自生活的人，不是野兽就是上帝。人是社会的动物，不可能离开人类群体而单独存在，人的一生几乎都在与他人的交往中度过。社会心理学研究表明，如果一个人学会了如何与他人交往，不管你从事什么工作，你都走完了通往成功的道路的 85% 左右的行程，而在取得自己的幸福方面，已经有了 99%的把握。良好的人际交往是事业成功的基础，更能使生活充满阳光。那么什么是人际交往？人际交往有什么作用？有哪些因素会影响人际交往？中职学生需要遵循哪些人际交往原则，又要掌握哪些人际交往技巧呢？本单元致力与你一起探寻人际交往的奥妙，发现人际交往的密钥，开启健康交往的旅程。

模块一　认识人际交往

【成长案例】

小敏是某中职学校会计专业二年级学生，她学习刻苦，性格开朗，成绩一直不错，而且非常愿意帮助同学，经常与同宿舍的同学分享和讨论各种问题，宿舍同学之间相处也非常融洽。在她的带动下，她所在的宿舍学习氛围浓厚，然而，在帮助同学取得进步后，她发现同学对她并没有太多感激，而且宿舍里有同学的成绩已经超越了她，这让她困惑，也非常犹豫，还要不要继续像以前那样跟同学相处？要是还有同学再超越了自己怎么办？你怎么看小敏同学遇到的困惑呢？她在跟同学相处的过程中是否也获得了个人的成长？

一、人际交往的概念

人际交往是指在社会活动中，人与人之间为了满足某种需要，通过语言符号系统和非语言符号系统进行信息传递、意见交换和情感沟通的心理和行为过程。人际交往是社会实践的重要组成部分，是人类活动的基本形式。在现实社会中，人们在物质生产、生活消费、文化教育等活动中进行着频繁而广泛的人际交往。良好的人际交往能推动生产力的发展和社会的进步。

二、人际交往的作用

（一）实现信息沟通

人与人之间的社会交往是信息沟通的最基本形式。英国作家萧伯纳曾经形象地比喻人际交往中的信息沟通：如果你有一个苹果，我有一个苹果，彼此交换，那么每人还是一个苹果。如果你有一种思想，我有一种思想，彼此交换，我们每个人就有了两种思想，甚至多于两种思想。人际交往可实现信息的增量效应，有力地促进我们增长知识、提升技能、提高素养，实现全面发展。

（二）帮助身心保健

和谐的人际交往可以缓解心理压力，促进身心健康。而不良的人际交往，容易使人心情烦闷、精神压抑、免疫力降低。心理学家研究发现，人类对爱、关心、尊重等交往活动的需要不亚于对食物等生理的需要。如果人的人际交往需要得不到满足，就会像吃不饱饭而营养失调一样，导致生理、心理失调，产生苦恼和困惑，甚至会对我们的学习、生活带来严重影响。美国心理学家曾经在街头以每小时 15 美元的酬金先后聘请了 5 位志愿者进入一个与外界完全隔绝的小屋，除了提供必要的物质生活条件外，没有任何社会信息进入，以观察人在与世隔绝时的反应。结果，其中 1 个人在屋里只待了 2 小时就出来了，3 个人待了 2 天，最长一个人待了 8 天。这位待了 8 天的人出来后说："如果让我再在里面待 1 分钟，我就要疯了。"我国心理学者也做了类似的实验。研究者选择了 20 多位身心非常健康的大学生参加，实验结果发现，在实验室待的时间越长，身心受损情况越严重。由此看来，人际交往具有身心保健的功能，对人的身心发展起着十分重要的作用。

【知识链接】

哈罗恒河猴“社交剥夺”试验

动物学家哈罗和他的同事做了一个实验。他们设计了自动化喂养的笼子，把恒河幼猴关在笼子里，以隔绝他们与其他猴子或人的接触与沟通。经过一段时间的喂养，他们把这些实验的猴子与正常环境下饲养的猴子进行对比，结果发现，被关在笼子里的猴子明显缺乏安全感，情绪不安，不能与同类进行正常的交往，甚至本能的行为表现也受到严重影响。

（三）促进个性发展

健康的个性总是与健康的人际交往相伴，心理健康水平越高，与别人交往越积极，越符合社会的期待，与别人的关系就越和谐。心理学家奥尔波特发现个性成熟的人同别人有良好、融洽的关系，他们可以很好地理解别人，容忍别人的不足和缺陷，能够对别人表示同情，具有给人温暖、关怀、亲密和爱的能力。同时，心理学研究表明，如果一个人长期缺乏与别人的积极交往，缺乏稳定的人际关系，那么这个人往往有明显的性格缺陷。良好的个性正是在与人交往的过程中不断地发展和完善的。我们在跟人交往中，可以观察他人，“以人为镜”，学习他人良好的个性品质，修正自身的不良之处。在与他人的交往中开阔眼界、增长知识、锻炼能力和学会处事，最终获得自身的成长。

（四）奠基成功人生

美国著名成功学家戴尔·卡耐基曾经说过：“一个人的成功，只有 15%取决于专业技术，而 85%则取决于人际关系和他的为人处世能力。”美国普林斯顿大学曾对 1 万份人事档案进行了分析，结果发现，智慧、专业技术和经验只占成功的 25%，其余 75%取决于良好的人际沟通。1995 年，哈佛大学就业指导小组的调查结果显示，在 500 名被解聘的男女中，因人际沟通不良而导致工作不称职者占 82%。可见，事业成功、生活幸福是以良好的人际交往为前提的。培根曾经说道：“只要你想想，一个人一生中有多少事是不能自己去做的，你就可以知道友谊多么重要。”人际交往为成功人生奠基，良好的人际交往能力会助你攀登人生的高峰。

【心理故事】

安德鲁·卡内基的成功

安德鲁·卡内基曾经一贫如洗，但他靠个人的努力，最终成为美国的钢铁大王，在他成为亿万富翁的同时，也造就了成百上千个百万富翁。作为钢铁大王的卡内甚至对钢铁全然不懂，但他雇用了千百个钢铁专家为他工作。当谈及成功的秘诀时，这位钢铁大王认为，他之所以成功，是因为他具备良好的交往能力。

三、人际交往的影响因素

（一）距离因素

距离是影响人际交往的基础。美国心理学家费斯廷格于1950年做过一个调查，他调查了两个由单幢独立二层楼组成的居民区居民的友谊状况，研究他们之间的吸引力与彼此居住距离的关系。调查方式是问住户："在该区域的社交活动中，你最亲近的是哪三个人？"结果发现，41%的人选择了隔壁邻居，22%的人选择隔一个门的邻居，只有10%的人选择同一幢同一层最远的邻居，而选择不同楼层或选择不同楼的人微乎其微。这说明相互交往的多少与彼此居住距离的远近有关，距离越近越容易产生交往。在现实生活中，我们常说的"远亲不如近邻"，说的就是这个道理。距离接近是彼此认识的前提，也是人际交往的基础。但这一因素对人际交往的影响仅发生在相遇之初，随着时间的推移，距离因素对人际交往的影响越来越小。

（二）相似因素

相似性是人在感官上、内心体验上对事物内在联系的一致性的认识。它包括年龄、性别、兴趣、经历、信念、价值观等。相似的人，或者有共同的兴趣爱好；或者彼此态度一致，情趣相投；或者有相似的经历……。这些相似往往容易引发彼此强烈的共鸣，相互沟通比较容易。其中，信念与价值观的相似最为重要，因为这样的相似会让双方正确看待自己的能力、感情和信仰，误会和冲突相对较少，有利于维护双方的自尊心，促使交往顺利进行。

（三）互补因素

互补主要指需求的互补。人际交往中需求的互补是指双方需求互相契合，在交往过程中获得相互满足的心理状态。当双方的需求互补时，就能形成强有力的人际交往的吸引力。例如，一个人喜欢支配他人，凡事都要自己拿主意，而另一个人喜欢听从指挥，被动承受，他们就可以形成非常稳定的人际交往。因为可以取长补短，互相满足对方的需求。一般而言，互补因素的作用多发生在交情较深的人身上。

（四）才能因素

一个有能力、有才华的人容被到大家崇拜。而一个有能力、有才华、偶尔会犯点小错的人则更容易让人喜爱，人们愿意与这样的人交往。社会心理学家阿伦森通过实验证明，在人际吸引中存在一种“犯错效应”，即一个有能力、有才华的人，偶尔犯一点小错会使别人更喜欢他。因为一个才能出众、不犯错误的人会使别人钦佩，甚至敬畏，但无法让人感到亲近，只能远观，这很可能阻碍他的人际交往。如果他偶尔也会犯错，就会让人感觉他与普通人一样，可以与之亲近，进而产生交往。总之，一个人要想成功，能力是必不可少的，但如果能力极其突出的话，不妨也适当利用一下“犯错效应”来增强交往的吸引力。

（五）外表因素

爱美之心，人皆有之。人们总是倾向与那些看着美丽、仪表仪态良好的人交往。外表影响人们的吸引力和交往。通常情况下，我们被他人吸引首先是因为他们的外表。在人际交往中视觉首先注意到对方的外表，包括体魄、服饰、仪表、仪态等。仪表堂堂和具有魅力的人能给人好感，这种现象在陌生人与异性之间表现得更为明显。

【知识链接】

外貌影响人际交往实验

休斯顿和布尔于 1994 年做过一个实验：化妆师为一个实验助手整容，给实验助手的脸上画一道明显的疤痕，或一块青肿的瘀斑，或一块胎记。在格拉斯哥客运地铁线上，当这位助手以丑陋的面貌出现时，不管是男性还是女性，都不愿意坐在她旁边。研究者还发现，就像成人喜欢有吸引力的成人一样，小孩之间的喜爱也受到外表吸引力的影响。通过考察婴儿注意他人的时间，研究者发现，即便是婴儿也偏爱漂亮的面孔。

（六）个性品质

个性品质主要是指性格与人品中的特质。比起外表因素对人际交往的影响，个性品质具有更强的人际吸引力，而且这种吸引力持久、稳定和深刻。在实际的生活中我们会有这样的体会，只有那些心灵美的人才会真正受人欢迎和喜爱。随着人际交往的深入，外在的因素变得越来越不重要，而交往者的内在品质却变得越来越重要。但是人的个性品质有多种，那么哪些品质在人际交往中最受重视呢？1968 年，心理学家安德森进行了一项研究：将 555 个描写人个性品质的形容词罗列在一张表格中，其中既有值得喜欢的形容词，也有不值得喜欢的形容词，让人们指出他们所喜欢的品质。统计结果表明，评价最高的人格品质是“真诚”。在其他 8 个评价最高的形容词中有 5 个与真诚有关。即诚实、忠实、真实、信得过的和可靠的。而评价最低的品质是说谎和虚伪，如表 4-1 所示。

【知识链接】

表 4-1 安德森实验中影响人际交往的主要个性品质

最积极品质	中间品质	最消极品质
真诚	固执	古怪
诚实	刻板	不友好
理解	大胆	敌意
忠诚	谨慎	饶舌
真实	易激动	自私
可信	文静	粗鲁
智慧	冲动	自负
可信赖	好斗	贪婪
有思想	腼腆	不真诚
体贴	易动情	不善良
热情	羞怯	不可信
善良	天真	恶毒
友好	不明朗	虚假
快乐	好动	令人讨厌
不自私	空想	不老实
幽默	追求物质	冷酷
负责	反叛	邪恶
开朗	孤独	装假
信任	依赖别人	说谎

由表 4-1 可知，排在整个序列最前面的是非常受人喜欢的品质，位于序列中间的是介于积极与消极之间的中性品质，排在序列末尾的是非常令人厌恶的品质。

（七）心理效应

人际交往是人与人之间心理上的交往。人际交往过程中存在的心理效应也会对交往本身产生重要的影响。人际交往中主要的心理效应有：

1. 首因效应

首因效应是指人的第一印象往往会对以后的人际知觉过程产生指导性的作用。比如，初次看到某人谈吐不俗、优雅礼貌，就会对这个人有非常不错的印象，在日后的交往中也会先入为主，认为这个人非常优秀。人们往往会根据第一印象来推断他人的其他特征，而且还力图使后来所得到的信息与第一印象相吻合，并以此证实自己的判断。但首因效应是最初的、不全面的认识，会有所偏差。因此，作为被认识的对象，要注意给别人留下良好的第一印象；作为认识的主体，要尽量减少首因效应对自己的影响，要把第一印象与日后的观察结合起来，客观、公正地认识、评价一个人。

2. 近因效应

近因效应是指人际交往过程中新获得的信息往往起优势作用。在人际认知活动中，最近的印象对人的评价起着重要作用。可见，人际交往中第一印象重要，最近的印象也很重要。如果我们没能给别人留下良好的第一印象，那么就要通过后期不断努力，利用近因效应，挽回自己的形象。与人交往时，要全面地看待对方。认真对待每一次交往，有好的开始，也要重视好的结尾；发生冲突及时道歉，知错就改，以形成良好的近因效应。

3. 晕轮效应

晕轮效应又称光环效应，是指人们常从对方所具有的某个或某些特征而泛化到其他各个方面，从局部信息形成一个完整的印象。人们常说的“情人眼里出西施”“爱屋及乌”就是晕轮效应。人们习惯于按照自己对一个人的一种品质的关注来推断出他还具有一些其他的品质。如看到一个人举止热情、大方，便容易得出该人聪明、慷慨、能力强的结论；看到某人话少，就会认为此人冷漠、内向、僵化。人际交往中，诸如以貌取人之类的行为倾向便是晕轮效应的表现。当一个人的外表充满魅力时，其他与外表无关的特征也会得到他人更好的评价。人际交往中应尽量消除“偏见”，多角度分析考量，克服晕轮效应的影响。与此同时，还需要在交往中注重突出正面形象，全面展示优点，利用晕轮效应在人际交往中获得成功。

4. 刻板效应

刻板效应是指人们在长期的认知过程中所形成的关于某类人的概括而笼统的

固定印象。人际交往中，刻板效应表现为把自己对该类群体的习惯化概括强加到交往对象身上。如北方人高大，南方人矮小；女孩胆小，男孩胆大等。刻板效应忽略了个体间的差异性，在交往中会先入为主，容易产生偏差，特别是当这类评价带有偏见时，会损害人际关系，影响人际交往的顺利进行。人际交往中，勿戴有色眼镜看人，要就事论事，实事求是地分析问题，克服刻板效应的影响。

5. 投射效应

投射效应就是“由己推人”，是指把自己所具有的某些特质强加到他人身上的心理倾向，往往会对他人的情感、意向、观念等做出错误的判断，造成彼此间的误会、矛盾。如喜欢嫉妒的人常常以为别人也会嫉妒。“以小人之心度君子之腹”就是典型的投射效应。要克服投射效应的消极作用，我们应该辩证地、一分为二地看待自己与他人，严于律己、宽以待人，尽量避免以自己的标准去衡量他人。

模块二　中职学生人际交往特点及策略

【成长案例】

小栓和小化是某中职学校汽修专业同班同学，也是非常要好的朋友，但近段时间小栓非常苦恼，因为小化动不动就借他的手机，尤其是小化近期去外面联系工作，竟然把他的电话号码留给别人，还用他的手机跟别人聊微信，小栓觉得自己的隐私被侵犯了。你如何看待小化的行为？要维持这段友谊，小化应该做出哪些改变？小栓又应该怎么做呢？

一、中职学生人际交往特点

（一）交往愿望强烈化

中职学生正处于青春期，自我意识发展迅速，思想活跃，情感丰富且强烈。迫切希望跟他人一起分享生活中的点滴，渴望与人交往，渴望被人理解与关怀，加上中职学校管理的全新要求，他们有更多的机会自主解决问题，也更希望通过交往摆脱孤独、发展友谊、得到尊重、体现价值、获得成长，因而对交往的愿望显得比以往更加强烈。

（二）交往期待理想化

中职学生爱憎分明，人际交往往往具有浓重的理想主义色彩，他们崇尚真诚、纯洁的友情，赋予友情很高的评价，不允许有丝毫玷污友情的事情发生。在交往过程中，他们通常会以理想化的标准要求交往对象，而且常以自我为中心思考交往问题，只有交往对象达到了自己的某种预期，才会对交往对象满意。如果交往对象达不到自己的预期，就会对交往对象感到失望，甚至产生挫败感，影响彼此的交往。在现实生活中，我们常常可以发现中职学生交往不稳定、人际关系容易破裂。

（三）交往关系平等化

中职学生处于自我意识发展的上升期，反对权威，崇尚平等，渴望与别人站在同一高度对话，这也使得他们在人际交往中更注重自己是否得到认可和尊重，是否被平等地对待。他们反对将个人意志强加于人的交往方式，反感居高临下式的教育，因此会更多地选择与自己的同龄人建立交往关系。

（四）交往内涵情感化

中职学生的人际交往多以学校为中心，远离社会职场各种利益的冲突，因而也远离了社会交往的功利色彩。人际交往意向单纯，讲究志同道合，注重交往活动过程中形成的情感内涵，强调心与心之间的默契和共鸣，希望获得纯洁和真诚的友谊。

（五）交往方式多样化

相比中学，中职学校给学生提供了更多的交往机会。各种学生社团、协会、竞赛、联谊等极大地丰富了校园生活，同时也使学生交往范围不断扩大，不断出现跨宿舍、跨班级、跨专业的人际交往。再加上近十几年来，计算机网络技术高速发展及手机的普及，人们的生活方式发生了很大的改变。中职学生的人际交往也深受影响，他们几乎人手一部手机，通过 QQ、微信、抖音等社交软件及各种网络沟通平台与外界展开丰富的、多元的、多层次的人际交往，开启了多样化的人际交往模式。

二、中职学生人际交往困扰

中职学生人际交往总体而言是健康的、积极的，许多中职学生都能进行正常的人际交往，但有一些中职学生还存在着这样、那样的人际交往困扰，呈现出交往困难的状态。具体表现在：

（一）不愿交往

不愿交往是指一些中职学生缺乏人际交往的愿望与兴趣，自我封闭、孤芳自赏、独来独往，沉浸在自己的世界里，游离于群体之外，不想了解他人，也不被他人了解，缺少朋友，深感孤独寂寞。

（二）不敢交往

这部分中职学生一般有较强的交往愿望，内心渴望与人交往，但由于种种原因，存在交往的恐惧心理，与人交往时不自觉地紧张不安。或者害怕被人观察，担心自己成为别人的注意中心；或者害怕在别人面前出洋相而被别人嘲笑。在与人交往时心理压力大，负性情绪浓，常处于焦虑状态。所以，他们尽管内心渴望与人交往，希望得到别人的肯定和接纳，但在行为上却表现出极力回避与人接触。不得不交往时则表现出紧张、恐惧、心跳加快、面红耳赤、难以自制等状态，常陷入焦虑、痛苦、自卑、自责之中，严重影响身心健康和日常生活。

（三）不善交往

不善交往是指中职学生在交往过程中，由于交往能力有限、交往方法欠妥或个性等原因，导致交往结果不尽如人意。如有的中职学生常喜欢把自己的兴趣与意志强加于别人，以自我为中心，不管别人的感受；有的心直口快，不会察言观色，不注意场合，使交往对象难堪；有的语气生硬，不善表达，言行失当，使交往场面尴尬等。

【心理测试】

你的人际关系好吗？

心理学家认为：一个人的心理健康程度与他的人际交往密切相关，良好的人际交往可以缓解心理压力，促进心理健康。请做下面的小测试，看看你的人际关系好不好。仔细阅读以下各个题目，并根据个人的真实情况做出回答。如果题目中所提到的问题与你的情况相符合，就回答“是”；如果与你的情况不相符合，就回答“否”。

1. 关于自己的烦恼有口难言。（　　）

2. 和生人见面感觉不自然。 （ ）

3. 十之八九地羡慕和嫉妒别人。 （ ）

4. 与异性交往太少。 （ ）

5. 对连续不断的会谈感到困难。 （ ）

6. 在社交场合感到紧张。 （ ）

7. 时常伤害别人。 （ ）

8. 与异性来往感觉不自然。 （ ）

9. 与一大帮朋友在一起，却常感到寂寞或失落。 （ ）

10. 极易受窘。 （ ）

11. 与别人不能和睦相处。 （ ）

12. 不知道与异性相处如何适可而止。 （ ）

13. 当不熟悉的人对自己倾诉他的生平遭遇以求同情时，自己常觉得不自在。 （ ）

14. 担心别人对自己的印象。 （ ）

15. 总是尽力使别人赏识自己。 （ ）

16. 暗自思慕异性。 （ ）

17. 时常避免表达自己的感受。 （ ）

18. 对自己的仪表（容貌）缺乏信心。 （ ）

19. 讨厌某人或被某人讨厌。 （ ）

20. 瞧不起异性。 （ ）

21. 不能专注倾听。 （ ）

22. 自己的烦恼无人可以倾诉。 （ ）

23. 受别人排斥与冷落。 （ ）

24. 被异性瞧不起。 （ ）

25. 不能广泛地听取各种意见、看法。 （ ）

26. 自己常因受伤害而暗自伤心。 （ ）

27. 常被别人谈论、愚弄。 （ ）

28. 与异性不知如何更好地相处。 （ ）

以上各题，如果回答“是”得 1 分，如果回答“否”得 0 分。各题得分相加的总分便是你的得分。如果你的总分为 0 ~ 8 分，说明你在与朋友相处上困扰较少；如果你的总分为 9 ~ 14 分，说明你与朋友相处存在一定程度的困扰；如果你的总分为 15 ~ 20 分，说明你与朋友相处上困扰较大；如果你的总分超过 20 分，则表明你的人际交往困扰很大。

三、中职学生人际交往原则

（一）平等尊重原则

平等是建立良好人际交往的前提，也是人与人之间建立感情的基础。中职学生人际交往具有平等化，他们既希望平等地对待他人，又希望他人对自己一视同仁。因此，中职学生在人际交往中应正确评价自己和他人，树立平等的交往观念，建立和谐的人际交往关系。

平等的人际交往意味着交往双方相互尊重，这是顺利交往的必要条件。在人际交往中，只有尊重他人的人才能得到他人的尊重，这就是我们常说的“敬人者，人恒敬之”。当然，尊重别人并不等于放弃自尊，不等于“好好先生”，一味地姑息和迁就他人。要知道，如果一个人总是放弃自己的立场，就意味着对自己的不尊重。在人际交往中，尊重自己与尊重他人一样重要。这是一个问题的两个方面，只有尊重自己的人，才有可能得到他人的尊重。因此，中职学生在交往过程中，既要尊重他人，接受他人不同的态度、观点和行为，同时也要把握自我尊重的尺度，不要为了迎合他人，让自己变得没有主见，成为没有吸引力的交往对象。

（二）主动交往原则

中职学生人际交往过程是一个不断认识自我和认识他人的过程。在交往中，我们可能思考过这样一些问题。别人为什么会这样对我？为什么他们都不关心我？某人为什么不跟我打招呼？某人为什么生日不请我？其实你这样思考，别人也极有可能这样思考。因为交往双方都会不自觉地把自我放在第一位，面对交往问题也更多地以自我为中心去思考。所以，要建立良好的人际交往关系，必须主动交往，通过主动打招呼、主动帮助他人、主动征求别人的意见、主动发现自己的交往问题以及主动道歉等方式，先满足对方的自我，为双方人际交往的建立与发展提供动力源泉。

（三）以诚待人原则

待人接物要以诚为本，是否以诚待人是评价人际交往质量的主要标准之一。诚字所包含的内涵很广，它包含着忠诚、诚实、诚恳、诚信等内容。在人际交往中，以诚待人意味着交往态度真诚，交往过程实事求是，遵守承诺，言而有信，忠实可靠，不欺骗，不背叛。中职学生只有秉承以诚待人的交往原则，才能在交往中以心换心，取信于人，与他人建立良好的人际交往关系。

（四）理解与宽容原则

在人际交往中，理解常指能换位思考，而宽容则是指原谅交往对象的过错，不与其计较。理解是宽容的基础，只有站在对方的立场上考虑问题，体会他人的心理感受，才可能理解别人的感情和行为，同时用广阔的胸怀，以宽以待人的心态面对交往对象的非原则性交往过失，才会赢得真诚与友谊。中职学生强调自我，不易做到换位思考，因此，更要加强品行修炼，学会关心别人，与他人为善，才能与不同脾性的人交流，提高自己的交往能力，构建良好的人际关系。

（五）互利双赢原则

人际交往的产生源于人类的各种需要，而满足交往的需要是人际交往得以顺利进行的必要条件。互利双赢正是基于交往双方的需要，强调互利互惠、双方受益而提出的人际交往的基本要求。中职学生要充分认识到只有交往双方共同付出和奉献才能使交往长久。任何只讲收获而不讲付出的交往行为都有可能导致交往的中断和友谊的破裂。

三、中职学生人际交往技巧

（一）记住别人的基本信息

美国著名人际关系学家戴尔·卡耐基发现，人把自己的名字看得惊人的重要，所以，他曾经说："记住别人的名字，而且很轻易就能叫出来，等于给予那人一个很巧妙而又有效的赞美。"试想如果一个你只见过一面的人，在第二次见面的时候，你能轻易地叫出他的名字，并且熟悉他提过的一些信息，对方一定会获得类似于重要人物的感觉，觉得受到极大的尊重，非常有利于交往的顺利进行。相反，如果你总把别人的名字还有基本信息忘掉或者搞错，别人会觉得自己不受重视，对你产生看法，那么你在交往中将处于不利的地位。当然，要在第一时间记住别人的名字和其他信息并不容易，你在平时的交往活动中一定要用心记忆，想各种办法将他人的基本信息，尤其是名字记住。据说法国国王拿破仑三世能记下他所见过的每一个人的名字，而他的记忆诀窍就是，在第一次与人见面时一定要弄清楚对方的名字，交谈中有意识地多提对方的名字，以加深印象，并暗中注意对方的外形等特征，如果感觉还有问题，他会用小纸条记录下那个人的名字及其特征信息，直至记忆深刻才将纸条扔掉。

（二）学会有效倾听

倾听是维系人际关系的有效法宝，是一种礼貌和诚挚的表现，是尊重、理解他人的方式。认真、用心地倾听可以让对方感受到你对他的尊重和肯定，从而拉近交往的距离，增进友谊。美国教育专家史蒂芬·柯维指出，听是一种行为，是一种生理反应，而倾听则是一种艺术，是一种心智和情绪的技巧。有效的倾听要做到耳到、眼到、心到，通过沟通的语言、表情（包括面部表情、动作表情、声音表情）回应倾诉者，让倾诉者意识到你是真的用心在听他倾诉，这样才达到了倾听的效果，也才能推动人际交往的发展。

【知识链接】

倾听技巧

1. 注视说话者，保持目光接触，不要东张西望，注意对方的眼神，适时地以“哦”“嗯”回应对方，表示自己在倾听。

2. 听对方讲话，身子稍稍前倾，情绪适应，随着对方说话的内容而表现出喜怒哀乐的情绪。

3. 面部保持自然的微笑，表情随对方的谈话内容有相应的变化，恰如其分地频频点头。

4. 不要中途打断对方，要协助对方把话讲下去。对方说完以后，如果得不到你的回应，尽管你在认真听，对方也会认为你心不在焉。因此，在对方谈话过程中，不妨加点评语，以表示你在认真地听，如“太好了！”“真的吗？”“后来呢？”等。

5. 适时而恰当地提出问题或插话，或者可以说“这一点我很了解”等，边听边想，配合对方的语气表述自己的意见。

6. 不离开对方所讲的话题，但可通过巧妙的应答把对方讲话的内容引向所需的方向和层次。

（三）学会赞美与批评

心理学家威廉·詹姆斯曾说过：“人性最深切的渴望就是拥有他人的赞赏。”赞美可以给人带来鼓励和愉悦，可以拉近人与人之间的距离，但值得注意的是，只有真诚的赞美才有如此魅力。适时适度、发自内心的赞美可以营造融洽的交往氛围，强化人际吸引力，而夸张不切实际的赞美则是虚伪的恭维和吹捧，只会令人反感。在人际交往中，赞美除了要真诚之外，还应遵循及时、明确、公开的原则。即赞美要把握最快时机，在值得赞美的事情发生的第一时间表达，达到的效果才最佳；另外，赞美的内容要具体明确，如“谢谢你刚才在我心情不好的时候那么包容我”。还有，赞美在人前，公开的赞美比秘密的赞美让人获得的认可更多，让人更开心更高兴。

【心理故事】

一个花匠去为一位著名的法官美化庄园。当他在干活的时候，那位法官给他提了不少好的建议，诸如希望在哪儿栽上一丛杜鹃花等。花匠于是说：“法官先生，您的业余爱好可真不少呀！我一直很喜欢您那条漂亮的狗，我知道您年年都在麦迪逊广场花园举行的家犬大奖赛中获奖，赢了不少蓝彩带。”令花匠没想到的是，这小小的赞美之词竟然带来了惊人的效果。无疑狗是法官的心爱之物，法官马上兴奋地说道：“是啊，是啊，养狗的乐趣真是无穷！你愿意参观一下我家的狗窝吗？”

法官花了将近一个小时领花匠看他养的狗，并把那些狗赢得的各种奖品拿给花匠看，他甚至还拿出狗的家谱材料，向花匠说明这些狗之所以这么漂亮是因为血缘的关系。

末了，法官问花匠：“你有孩子吗？”当花匠回答“有”后，法官又问：“他想要小狗吗？”花匠急切地说：“是的，如果有了，他会非常开心的！”“好吧，我送你一只。”法官说道。

接着，法官又对花匠讲了如何给小狗喂食，讲完后又热切地说：“如果只给你讲你很快会忘的，我把它写下来吧。”于是，法官写下了喂狗的方法。

最后，法官在花匠身上花了 85 分钟的时间，并送给他一条价值 100 美元的狗。这一切都是因为花匠真诚地、有针对性地赞美法官。

尽管大家都喜欢别人赞美自己，但生活中我们不可能做到完美，很多时候我们会出差错，因而少不了批评。赞美如阳光，批评如雨露。我们的人际交往中，既需要真诚的赞美，也需要中肯的批评。但在对他人提出批评时，应对事不对人，注意批评场合，把握好分寸，注意批评的度，不要伤害了对方的自尊心，要尽量做到委婉，如间接提醒：“我想”“或许是”“假如”，或者先说自己的不足，再说别人的不足，这样既可以解决问题又不影响人际交往。

（四）合理运用体态语言

体态语言是个人品行修养、内心思想及情绪的反映，它可以传递很多口头语言无法表达的信息，产生此处无声胜有声的效果。人际交往中，人的一举一动都能传达特定的含义。掌握并合理运用必要的体态语言是交往风度的具体表现。如交往过程中，面带微笑，神情专注，可表示对他人的尊重；身体微微倾向对方，可表示热情。总之，体态语言是人际交往的重要技巧，我们在日常交往过程中应注重养成良好的交往体态礼仪，为自己的人际交往增色添彩。

（五）掌握适当的交往距离

交往距离包括心理距离和空间距离两个方面。无论是心理距离还是空间距离，都与人交往的密切程度有关，同时也与不同的文化背景有关。因此，我们在人际交往中，要注意恰当地处理和选择合适的交往距离。一般情况下，空间的交往距离由双方的心理距离来决定。不同文化有不同的要求，中国人一般以双方关系的远近决定空间的交往距离。同时，要依据双方的性别选择适当的交往距离，异性交往比同性交往空间距离远。适当的距离会产生美，如果交往中丢掉了分寸感，不再注重交往应注意的细节，往往会适得其反。所以，交往中一定要保持适当的距离。

【知识链接】

霍尔的人际距离带

美国西北大学著名的心理学家霍尔教授的人际距离带理论认为，在人际交往中，人与人之间的距离表达特定的意思，根据人们交往关系的不同程度，可以把个体空间划分为亲密、个人、社交、公共四个距离带，具体解释如下：

1. 亲密距离带（0 ~ 0.5 m）。这是人际交往中最短的距离带，彼此可以肌肤相触、耳鬓厮磨，属于亲密接触的关系。常发生在恋人、亲友之间。如果用不自然的方式或强行进入他人的亲密距离，可被认为是对他人的侵犯。

2. 个人距离带（0.5 ~ 1.25 m）。其中，亲密朋友的个人距离带为 0.5 ~ 0.8 m，普通朋友的个人距离带为 0.8 ~ 1.25 m。这通常是朋友之间的交往距离。在此距离带交往，一方面可较少发生身体接触，另一方面也能体现两者熟识而友好的气氛。

3. 社会距离带（1.25 ~ 3.5 m）。通常代表未曾相识或一般相识性质的交往关系，谈话内容不怕被别人知道，说话声音较大。

4. 公共距离带（3.5 ~ 7.5 m）。陌生人之间常选择的距离，个人空间充足，双方各行其是，完全可以视而不见。

【心理测试】

交往细节自我检测

以下测试将帮助你评估和了解自己的交往状况，仔细阅读每一道题，根据自己的真实情况作答，并在相应的栏目里打“√”（见表 4-2）。

表 4-2　交往细节自测表

序号	项　　目	我能经常做到	我有时做到	我没有做到
1	我能从对方的表情和动作知道他想要表达的意思。			
2	我常说“请”和“对不起”。			
3	我的要求遭到别人拒绝时，我能体谅对方。			
4	在和别人发生争执时，我能站在对方的角度考虑问题。			
5	当别人遇到烦恼时，我能同情和安慰他/她。			
6	和别人交往时我能面带微笑。			
7	我喜欢与人合作。			
8	别人发言时我不打岔。			
9	我能保守朋友的秘密。			
10	别人讲话时，我能积极倾听。			
11	我尊重别人的生活习惯。			
12	和朋友约会，我很守时。			
13	和不认识的人在一起时，我会主动交谈。			
14	朋友做了令我不愉快的事，我能宽容、原谅对方。			
15	别人表演完后，我总是鼓掌表示赞赏。			
16	别人意见和我不同时，我能尊重对方的意见。			
17	我乐意接受别人的意见和劝告。			
18	我乐意发现别人的优点并赞赏他/她。			
19	我不乱翻别人的东西。			
20	我喜欢参加团体游戏。			

这个测试主要是为你提供一个机会检查自己在日常交往过程中，哪些细节是

自己做到了的，哪些是没有注意需要改进的。细节决定成败，因此，在人际交往中我们一定要注意交往细节。

【拓展训练】

训练一：

表达训练

1. 全班同学分成 4 个大组，每个大组再分成两个小组，其中一个是表达组，一个是摆放组。

2. 每个大组准备 12 盒方形盒装的饮料或其他方形盒子类道具。表达组和摆放组各拿 6 盒，队员以背对背的方式坐着或蹲着。

3. 表达组在 2 分钟内用 6 个盒子摆放一个造型，停止后不能变动，并向背对着的摆放组的队员描述盒子的摆放情况。摆放组的队员边听描述边摆放。5 分钟后停止交流，看一看哪个摆放小组摆得与表达组摆放的原型更为接近。反复进行三次。

4. 感受分享。通过这个游戏你体会到了什么？当你认为别人表达不是很准确时，你会怎样做？当各种信息汇聚在一起时，你是怎样提取有用信息的？这个训练对你的日常交往有何启发呢？

____

____

____

训练二：

人体拷贝

1. 主持人准备三组类别的数字，逐组增加难度（如 297、7.64、-503）。

2. 将全班同学分成几个小组，每组约 10 人。

3. 每组呈纵队站好，除第一人之外，其余人均背对着主持人。

4. 第一名队员从主持人手里抽取并记住自己小组的数字，然后通过身体扭动的方式把信息传递给后面的一位同学，逐一进行，完成拷贝。最后一名同学完成拷贝后，跑到主持人处，把理解到的数字写出来。注意：在这一过程中，不允许有任何的语言交流，信息只能在两个人之间传递，已完成信息传递和还未进行信息传递的同学都要背对两个正在传递信息的同学。

5. 第一组数字传递结束后，各小组讨论 5 分钟，然后进行第二组数字的传递。

6. 第二组数字传递结束后，各小组讨论 5 分钟，然后进行第三组数字的传递。

7. 感受分享。特别是沟通、讨论环节让你有什么感想？

____

____

____

____。

【成长感悟】

1. 本单元的学习内容对你的人际交往有哪些启发？

____

____

____

____。

2. 你有什么人际交往困惑吗？本单元哪条或哪几条交往原则与技巧能为你提供解决困惑的思路？你打算如何去做呢？

____

____

____

____。

第五单元

开发心理潜能　学会有效学习

【学习索引】

“吾生也有涯，而知也无涯。”人的一生与学习相伴。中职学生正处于人生发展的又一起跑线上，学习是他们走向未来的有力保障。著名哲学家歌德曾说过：“人不光是靠他自己就拥有一切，而是靠他从学习中所得到的一切来造就自己。”那么什么是学习？学习的心理因素是什么？中职学生的学习具有哪些特点？存在哪些困扰？要从哪些方面去培养自己的学习策略呢？本单元致力与你一起奏响中职生活的主旋律，科学认知学习，打造属于自己的学习利器，迎接新时代学习的挑战。

模块一　科学认识学习

【成长案例】

小辉是某中职学校石油化工专业一年级新生，入学时由于给班主任留下了良好的第一印象被任命为班长，成为班主任的得力助手。他工作积极主动，深受班主任喜爱，但他自己却很苦恼，因为他不能集中精力学习，上课老走神，不是想着班级要准备什么材料、做什么事情，就是想着社团要面试、学生会招新人等，做作业时也是如此。

小辉怎样才能处理好工作和学习的关系？你能为他提供帮助吗？

一、什么是学习

在心理学范畴，学习包含非常广泛的内容，有广义和狭义之分。广义的学习是指人和动物不断地获取经验和技能，形成新习惯，改变自己的行为的过程。它是有机体以经验方式引起的对环境相对持久的适应性的心理变化。学习是经验与行为之间的中间变量。从定义中我们可以看出学习是人和动物共有的现象，但两者又有本质的区别。动物的学习是个体对外界自然环境的适应或平衡，是一种生物现象。而人的学习则是在社会实践活动中，以语言为中介，经思维活动而自觉、积极、主动地掌握人类历史经验和积累个体经验的过程，是一种社会现象。

狭义的学习是指人对客观现实的认识过程。学生的学习就是狭义的学习，是人类学习的一种特殊形式，在教育目标的引导下，有目的、有计划、有组织地进行。其目的是要求学生掌握一定的系统知识和技能，发展智能、培养品德以及促进健康个性的发展，为今后的学习、工作、生活做准备。其学习过程有以下特点：第一，学生的学习是掌握前人所积累的科学文化知识，即间接知识；第二，学习是在教师指导下有目的、有计划、有组织地进行的；第三，通过学习，学生不但能增长知识、技能，还能发展智能、培养个性。

二、学习的心理因素

学习过程伴随着学习主体的一系列心理活动，包括学习过程中的心理反应、心理特点及其活动规律。主要有两方面的心理因素在起作用：一是操作性的心理因素，即人们常说的智力因素；二是动力性的心理因素，即人们常说的非智力因素。

（一）智力因素

智力因素是在人们的学习活动中直接参与认知过程的心理因素，包括注意力、观察力、记忆力、想象力、思维力等方面，是人们在对事物的认识中表现出的心理性，是认识活动的操作系统。它们以思维能力为核心，共同构成一个认知系统。有人形象地把它们之间的关系比喻为：注意力和观察力是智力的窗户，外界的一切信息只有通过注意和观察才能源源不断地进入大脑；想象力是智力的翅膀，只有两者结合，智力才能像矫健的雄鹰翱翔万里；记忆力是智力的仓库，只有这个仓库中储存的信息丰富充足，智力这座工厂才能很好地进行加工；思维力是智力的核心，其他因素只是为它提供信息的加工原料和活动的动力资源，如果没有思维力，这一加工机器将无法运转，信息原料和动力资源都将是一堆无用的废料。

（二）非智力因素

非智力因素是指智力因素以外的一切心理因素，它对人的认识过程起直接制约的作用。主要包括兴趣、动机、态度、意志、性格等，是认识活动的动力系统。

根据非智力因素对心理活动的调节范围以及对学习活动直接作用的程度，可将非智力因素划分为三个不同层次。第一层次，指学生的理想、信念、世界观，属于高层次水平，对学习具有广泛的制约作用，对学习活动具有持久的影响。第二层次，指个性心理品质，如需要、兴趣、动机、意志、性格、气质等，属于中间层次，对学习活动起着直接的影响。第三层次，指学生的荣誉感、求知欲望和成就动机等，是与学习活动有直接联系的非智力因素，对学习产生具体的影响。这些因素充满活力，对学习的作用十分明显。

大量研究表明，智力因素和非智力因素共同起作用，影响学习的效果。而在智力水平相等的学生中，非智力因素优秀的学生的学业成绩高于非智力因素不良的学生的学业成绩。甚至智力水平中等、非智力因素优秀的学生的成绩会超过智力水平较高、非智力因素不良的学生的成绩。这说明非智力因素对学习起着非常重要的作用。有人曾说，在学习活动中，智力因素决定一个人能不能做，非智力因素决定一个人肯不肯做；而做得好不好则由智力因素和非智力因素共同决定。对于一般学生来说，非智力因素起着主导作用。试想一个对学习不感兴趣，没有学习目标与动机，缺少坚强意志的学生，哪怕他智力因素再优秀，也不可能取得好的成绩。此外，智力因素受遗传因素影响较大，而非智力因素则主要是后天学习获得，所以，我们在生活中要努力培养自己的非智力因素，促进学业的进步。

【心理故事】

罗伯特·斯腾伯格刚进入耶鲁大学时就知道自己智商不高，他对心理学的兴趣非常浓厚，可他在心理学导论这门课的考试中仅得了个 C，这证明他很难在心理学领域有一个光明的未来，稍后他智力测验的得分再次证实了这一点，他不具备这种能力。他的心理学老师也这么认为。一天，他将一张考卷退还给斯腾伯格时说，在心理学领域已经有了一个著名的斯腾伯格（索尔·斯腾伯格），看来不会出现另一个同姓的大家了。听了这话，斯腾伯格决定另择其他专业。最终他选择了数学，因为他认为这是门有用的学科，可是他的数学概论的成绩比心理学导论的成绩还要糟糕。于是，他又回到了感兴趣的心理学专业继续学习。没想到的是，斯腾伯格在后面的课程学习里表现很出色，仅三年时间就完成了大学学业，获得了斯坦福大学心理学博士学位。现在，他已经是耶鲁大学的心理学系教授，而且声名远播。

模块二　中职学生学习特点及心理困惑

【成长案例】

小伟是计算机专业一年级的学生，他之所以报考计算机专业，是因为他非常喜欢游戏，并且玩得很不错，梦想就职于游戏软件开发公司。当他真正学习这个专业时才发现，围绕这门专业开设的课程跟他感兴趣的领域没有紧密的联系，他的学习热情顿时下降。后来，老师告诉他，必须要打好扎实的专业基础，才能在某个领域有深入发展。但他并不这么认为，他觉得只要学好自己想学的就行了，在这种观念的指引下，他对什么课程都不感兴趣，没有学习欲望，上课睡觉，下课就玩游戏，学习成绩很糟糕，班主任找他谈了几次都没有效果。到二年级时，一门他喜欢的课程开课了，但他因为基础差，跟不上学习节奏，而且他发现，玩游戏和游戏软件开发完全不是同一回事，根本不像他想象的那么轻松，他开始有畏难情绪，更加不想上学，整天玩游戏逃避学习，最后因学习成绩太差被迫退学。

一、中职学生学习的主要特点

根据教育部制定的《关于全面推进素质教育，深化中等职业教育教学改革的意见》精神，中等职业教育的目的是要培养在生产、服务、技术和管理第一线工作的高素质劳动者和中、初级专门人才。因此，其教育目的、培养模式和教育方法都具有明显的职业倾向性，中职学生在学校学到的知识与将来的职业生涯有着密切的联系，这也决定了他们的学习具有为职业做准备的鲜明特征。具体学习特点主要包含职业性、专业性、实践性和多样性四个方面。

（一）职业性

中职学生在校学习的主要目的就是为将来更好地就业做准备。通过在学校的学习，掌握一定的专业知识和专业技能，培养人文素养、科学素养、职业道德、职业意识、职业纪律等职业素质。因此，中职学生要主动适应职业素质培养的课程、教学方法及教学组织形式。

（二）专业性

中职学生的学习实际上是一种专业性学习，学生入学前已确定了专业，各专业学生的学习内容差别较大，主要围绕专业方向和需要进行，专业知识、专业技能的内容特征明显，专业学习的特点突出。由于这一特点，学生对专业是否有兴趣会直接影响他们的学习兴趣，进而影响学习成绩，甚至影响今后的生活。

（三）实践性

中等职业教育的重要特征之一就是“突出职业技能的培养”，因此实习、实训等职业技能的实践课程在整个教学体系中占据重要的位置。整体教学突出实用性特点，注重实际动手能力的培养。中职学生为达成学习目标，要在掌握基本的技术原理的基础上，通过大量的实践练习，熟悉实践操作技能，解决专业领域在社会生产中常见的一些问题。因此，中职学生的学习要体现理论够用、实践为重原则，将学习重心放在专业技能的锻造上，通过实践操作提升专业实操能力。

（四）多样性

与以往的学习相比，中职学生的学习具有更为多样化的特点。除课堂学习之外，技能竞赛、社会实践、社团活动等各类活动频繁，为每一个中职学生的发展都提供了广阔的舞台。中职学生学习机会多，学习方式也多种多样，在学习过程中，要善于吸收课本知识和课外知识，处理好专业学习和能力培养等方面的问题，确保学有所成。

二、中职学生常见的学习心理困惑

（一）学习动机不强

人的活动总是由一定的动机所激发并指向一定的目的。学习动机在学生的学习中发挥着重大作用，是掌握知识、完善品格的重要条件，是直接推动学生进行学习活动的内部动力。有些中职学生对专业不了解，对学习无兴趣，对未来无打算，学习动机水平低下，每天得过且过，做一天和尚撞一天钟，虚度了大好的青春。

（二）学习兴趣缺乏

中职学校理论与实践并重，有些学生没办法适应这种学习生活，特别是专业理论课程的学习与初中基础性课程学习差异较大，课程理论性、逻辑性强，一些学生无法理解教学内容；有些学生面对自主性的学习感觉吃力，还停留在初中阶段老师教他才学的模式阶段等；一些中职学生学习基础差，学习动机不强，出现了学习困难，逐渐厌倦学习，学习兴趣降低；还有些学生不喜欢自己所学的专业，失去了学习的兴趣。

（三）学习意志薄弱

学习意志是中职学生克服学习困难，实现预定学习目标的重要心理因素。中职学生的学习意志薄弱主要表现在学习过程中缺乏恒心、耐心，学习坚持性差，遇到学习困难不去克服而是选择逃避或退缩，屈服于困难的压力，缺少顽强拼搏的精神，失去维持学习的动力。

（四）学习方法不佳

专业学习不同于以往的基础课程学习，但一些学生还是按照老方法去解决新的学习问题。我们不否认，原有的学习方法可以迁移用于新的学习领域，有些也起到了很好的作用，但不一定全部适合，还需要根据新的学习要求认真研究科学的学习方法，以提高学习效率，获得良好的学习效果。中职学生不知道该如何学习，对自己的学习条件认识不清，找不到适合自己的学习方法，导致学习效果不佳。

【心理测试】

学习动力小测试

请仔细阅读下面的每一道题，并与自己的实际情况对照，若认为相符，就在题目后面括号里打“√”，若认为不相符，则打“×”。

1. 如果别人不督促，极少主动学习。（　　）
2. 读书时需要很长时间才能提起精神来。（　　）
3. 一学习就觉得疲劳、厌烦，老想睡觉。（　　）
4. 除了教师指定的作业外，不想多看书。（　　）
5. 对于不懂的地方，根本不想弄懂它。（　　）
6. 常想自己不用花太多的时间成绩就能超过别人。（　　）
7. 迫切希望自己能在短时间内大幅度提高学习成绩。（　　）
8. 经常为成绩没能在短时间提高而烦恼。（　　）
9. 为了及时完成某项作业，宁愿废寝忘食，通宵达旦。（　　）
10. 为了学好功课，放弃了许多感兴趣的活动。（　　）
11. 觉得读书没意思，想去找个工作做。（　　）
12. 认为课本上的基础知识没什么好学的。（　　）

13. 只在喜欢的科目上下功夫，对不喜欢的科目放任自流。（ ）

14. 花在课外读物上的时间比花在教科书上的时间要多得多。（ ）

15. 把自己的时间平均花在各门课程上。（ ）

16. 给自己定下的学习目标多数因做不到而不得不放弃。（ ）

17. 毫不费力就能实现自己的学习目标。（ ）

18. 总是同时为实现几个学习目标忙得焦头烂额。（ ）

19. 对完成每天的学习任务感到力不从心。（ ）

20. 只制定大目标，不制定循序渐进的小目标。（ ）

上述 20 道题可分成 4 组，分别代表四个方面的困扰程度：1～5 题测验你的学习动机是否太弱；6～10 题测验你的学习动机是否太强；11～15 题测验你在学习兴趣方面是否存在困扰；16～20 题测验你在学习目标上是否存在困扰。假如你对某组题目中的大多数题目持认同的态度，则可能说明你在相应的学习欲望上存在一些不够正确的认识，或存在一定程度的困扰。

模块三　中职学生学习策略培养

【成长案例】

小妮是某中职学校制糖技术专业一年级的学生。一天，她向班主任反映说想退学，因为她发现老师上课速度特别快，也不像初中上完课总要复习很多遍，平时也没有什么机会见到老师，咨询相关问题。上课时，小妮感觉自己越来越听不懂，其他同学却说没问题，她觉得是自己脑子太笨了，不适应现阶段的学习，所以想退学去打工。班主任认真听完她的倾诉后，给了她很多学习上的建议，让她自己好好琢磨。经过几次谈心后，小妮的学习热情空前高涨，不仅制订了学习计划，与老师积极沟通，坚持当天弄懂当天的学习材料，而且自己摸索适应学校快节奏、理实一体的学习方法。一个月后，她完全适应了，成为班级的学习干将，老师们对她也非常欣赏。一年级下学期，因为学习成绩优异，她被同学们推荐担任班级学习委员。

一、强化学习动机

（一）学习动机的含义

学习动机是学习者将学习愿望转变成学习行为的心理学动因，是直接推动中职学生进行学习的一种内部动力，是激发和指引学生进行学习的一种需要。

（二）学习动机分类

1. 外部动机

学习的外部动机是指个体由外部诱因所引起的动机。例如，某些学生为了得到老师或父母的奖励而努力学习，他们从事学习活动的动机不在学习任务本身，而是在学习活动之外。

2. 内部动机

学习的内部动机是指由个体内在的需要引起的动机。例如，学生的求知欲、学习兴趣、改善和提高自己能力的愿望等都属于内部动机。

研究表明，内部动机可以促使学生有效地进行学校中的学习活动，具有内部动机的学生渴望获得有关的知识经验，具有自主性、自发性。具有外部动机的学生对学习本身的兴趣不高，学习具有诱发性、被动性。当然，内部动机和外部动机的划分不是绝对的。由于学习动机是推动个体从事学习活动的内部心理动力，因此，任何外界的要求、外在的力量只有转化为个体内在的需要，才能成为学习的推动力，学生才能充分感受学习本身的乐趣，主动、自发、积极地投入学习活动中。

学习动机是激发学习的动力，过低或过高的动机都不利于学习的进步。学习动机过低会让学生视学习为无物，在学习上表现出懒惰、散漫、厌倦、怕苦怕累。学习动机过高会让学生把学习当成全部，重成绩，怕失败，易自责。美国心理学家耶克斯和多德森认为，动机和学习成绩呈“倒 U 型曲线”（见图 5-1），即动机过低不能激发学习的积极性，动机过高则容易引起高度焦虑和紧张，导致学习效率降低。只有适度的学习动机水平才最有利于学习水平的提高。

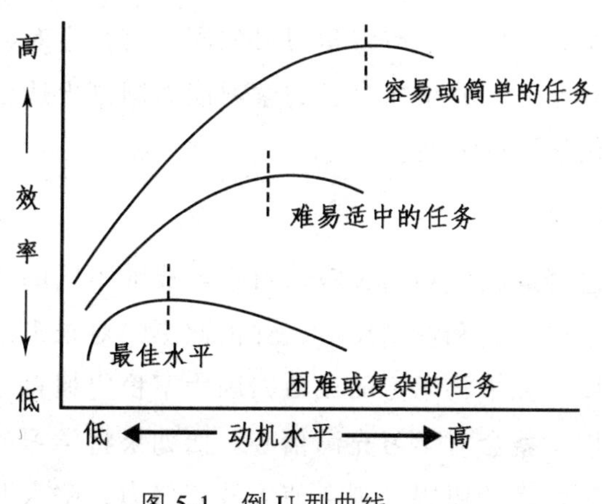

图 5-1　倒 U 型曲线

【知识链接】

高成就动机者的行为特征

1. 对适当难度的工作有挑战欲，全力以赴追求成功，具有很强的自信心和实事求是的精神。

2. 关心自己活动的成果，抱负水平较高。

3. 精力充沛，探新求异，有开拓精神，具有冒险性和创造性，不愿重复已成功的事情。

4. 对自己做出的决定高度负责。

5. 选择有能力的人做合作伙伴，而不是选择亲近的人。

6. 对和成就有关的词十分敏感。

7. 能独立思考，不受社会环境气氛的支配。

8. 往往把活动的成功与失败的原因归于自己，而不是推向外界，遇到困难具有坚强的毅力。

中职学生的学习动机整体性水平不高，因此，在学习过程中，中职学生必须要深入思考，强化自身的学习动机，使学习成为内在发展的需要。

（三）强化学习动机途径

1. 明确学习目标

弗兰西斯·培根说："跛足而不迷路，能赶过虽健步如飞但误入歧途的人。"我们只有明确学习目标，确定发展方向，才能逐步获取自己想要的学习收获。想一想，我们希望经过三年的学习成为一个什么样的人？自己的学习目的到底是什么？在平常生活中，中职学生应将学习目的同当前社会对人才的要求和自己的专业等实际情况联系起来，并根据自己的学习能力制订出适合自己的学习目标，增强学习动机，强化学习自觉性。

2. 学会正确归因

学习过程中总会面临成功与失败。对学习成败不同的归因倾向会使人对学习成败产生不同的情绪体验和情绪反应，并由此影响对未来结果的预期和自身努力的程度。研究表明：如果将学习的成败归因为不稳定但自己可控的因素，如学习的努力程度等原因，就会对学习充满信心。而如果将学习的成败归因为自己不可控的因素，像运气之类的原因，则会使人放弃努力，陷入悲观情绪，失去学习的积极性。因此，我们要以成熟的心态来分析成败的原因，更好地认识、预测和控制自己的学习行为，激发学习的积极性。

3. 培养学习成就感

成功的经验会使个体的自我效能感增强。因此，我们应设置合理的学习目标，创设更多成功的机会，发挥自己的专长与潜能，增强自我效能感。以积极的心态对待学习，特别是学习中遇到的挫折与困难，多发现自己的优点，看到自己的进步，增强自我效能感。

二、培养学习兴趣

学习兴趣是非智力因素的重要组成部分，是学习者内部动机在学习上的表现，来自学习者内部的好奇心、求知欲和抱负。“兴趣是最好的老师”，学习兴趣不仅推动我们去寻求知识、钻研问题、开阔眼界，而且是我们走向成功的催化剂。两千多年前孔子就提出：“知之者不如好之者。”学习兴趣能提高学习效率。因为浓厚的学习兴趣可以使我们对学习充满热情，主动克服学习困难，全力以赴地实现学习目标。有学习兴趣的学习者总是表现得兴致勃勃，孜孜不倦，体验到喜悦和满足。而对学习没有兴趣的学习者则度日如年，苦不堪言。

任何的兴趣都来源于内心的体验。学习兴趣也不例外，它不会凭空而来，只有当你在学习实践中不断摸索，用心参与之后，才能培养起真正的学习兴趣。那中职学生可以从哪些方面培养自己的学习兴趣呢？

（一）树立远大理想

苏格拉底说：“世界上最快乐的事，莫过于为理想而奋斗。”理想和信念为个人奋斗提供无穷的内在动力。确立正确而远大的理想，会让我们对未来人生充满期许，也会让我们对学习充满兴趣与热爱。

（二）做好充分的心理准备

大多数中职学生不太可能对每一门课程都产生浓厚的兴趣。可能有人认为专业课程才有用，对公共基础课程不感兴趣；有人对文科性质的课程感兴趣，对理科性质的课程不感兴趣。但为了系统地掌握知识和技能，我们应做好充分的心理准备，从一开始就培养对每一门课程的兴趣。对一开始不感兴趣的课程，我们不妨试着从课程目标、内容、典故、人物、与职业联系等不同的角度去了解它，兴许就能发现兴趣点，从而“乐在其中”，要知道学习与钻研本身就是一种乐趣。

（二）培养好奇心

好奇心是对不了解的事物感兴趣的心理，是人们对未知事物积极探求的一种倾向。居里夫人曾说：“好奇心是学者的第一美德，而好奇心又总是兴趣的导因。”一个人如果对某种事物或某项活动心存好奇，就会逐渐形成对某种事物或活动的兴趣。好奇心作为一种内在动机，它既具有认知性特征，能够引发个体的探索行为，又具有情感性特征，可以使个体从探索中获得愉快的体验。个体在其好奇心的驱使下表现出来的观察、提问、操作、选择性坚持、积极情绪等有助于学习活动的有效进行。因此，要培养学习的兴趣，必须要保持对学习的好奇心，多观察、多体验，感受学习的魅力。

（三）积极参加各种活动

校园活动丰富多彩，我们可以根据自己的兴趣，有选择地参加一些自己喜欢的活动，发挥自己的特长，把学到的专业知识用于实践。在活动过程中，通过摸索与实践，融会贯通，增强学习兴趣。例如，某中职学校建筑专业二年级学生梁某，他原来对专业理论学习一点都不感兴趣，但在他报名参加市建筑制图的比赛并获奖之后，他对理论学习的态度就有了明显的转变，开始喜欢上理论课。可见，通过参加自己感兴趣的活动，能有效地激发学习兴趣，甚至能引起兴趣的迁移，促进我们对其他学科、课程产生兴趣。

三、掌握科学的学习方法

学习实践表明，科学的学习方法是搞好学习的重要法宝，科学的学习方法有其自身的规律，会涉及认识、巩固知识与技能的全过程。除了普遍的规律之外，每个人学习方法因其个性、优势领域及学习习惯等因素的影响会有所不同。在这里，我们仅阐述在学习过程中大家普遍认为有利于知识与技能掌握与巩固的学习方法，供大家参考。

（一）集中学习的注意力

注意力是心理活动对一定对象的指向和集中，是伴随着感知觉、记忆、思维、想象等心理过程的一种共同的心理特征。注意力是开启学习的闸门，注意力不集中就无法完成有效的学习。在学习过程中，我们要关注自己的注意状况，随时准备将注意拉回当前的学习任务中。另外，培养选择性注意策略，将注意力集中于同一学习任务，以便全身心投入，达到理想的注意效果。当然，注意力集中是有一定时限的，如果长时间将注意力集中于某单一学习任务，个体容易感到疲劳。因此，注意力持续一定时间之后，要注意休息，劳逸结合。学习过程中，为达到好的学习效果，也可进行定时交叉学习，如可将文科和理科学习内容交叉，或理论学习与动手实践学习交叉等，以保证大脑皮层始终处于兴奋状态，让我们在有限时间获得最好的学习效果。

（二）掌握记忆规律，增强记忆效果

记忆是由识记、保持与回忆三个环节构成的。每一个部分都有其自身的发展规律。在学习过程中，只有掌握科学的记忆方法，认真实践，才能达到理想的学习效果。

1. 科学识记

识记是记忆的第一步，是记忆的基础。在学习过程中，面对任何一种识记材料，要增强记忆效果，首先要有明确的识记目的和任务，再选择以理解为基础的意义识记，因为理解了的东西是与过去巩固了的知识经验发生内在联系，容易被纳入已有的知识系统中，成为其中的一部分。相反，不理解的东西总是作为孤立的、在内容上与过去经验没有联系的东西出现在头脑中，死记硬背效果会差很多，这就是为什么人们在识记一些机械的内容时，会赋予它能理解的有意义的内容。如圆周率 3.14159265358979323846 26……，有人将其编成顺口溜，方便记忆：山顶一寺一壶酒，尔乐，苦煞吾，把酒吃，酒杀尔，杀不死，乐尔乐……。另外，面对材料识记时，是选择整体识记，还是先分部分识记，再进行整体识记的综合识记，要根据个人的识记习惯，一般材料很短时，整体识记效果较好，但材料较长时，则综合识记效果较好。为了更好地识记材料，要学会做笔记，懂得将知识的主要轮廓、重点、提要、心得等进行简明扼要的记录，以加深印象，也便于识记过后的知识的保持与回忆。

2. 要及时、反复地复习

保持是记忆的中间环节。当我们识记完学习材料后，马上进入记忆的第二环节——保持。根据记忆的规律，我们识记过后的材料进行保持时，会有遗忘的现象发生。德国心理学家艾宾浩斯经过实验发现，遗忘呈现先快后慢的规律（见图 5-2）。识记后的第 1 天遗忘的速度最快，1 天后，人们的记忆量仅为 33.7%。所以抓紧时间及时复习，反复复习，才能牢记知识点，时间与记忆量的对应数据如表 5-1 所示。

表 5-1　时间与记忆量对应数据

时间间隔	知识记忆量
刚刚识记完毕	100%
20 分钟后	58.2%
1 小时后	44.2%
8～9 小时后	35.8%
1 天后	33.7%
2 天后	27.8%
6 天后	21.1%

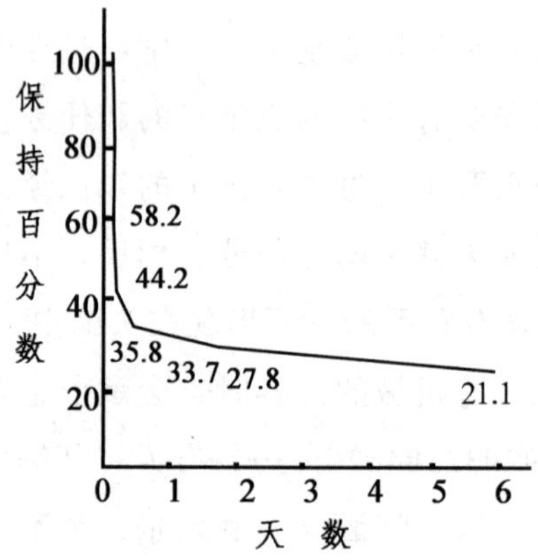

图 5-2　艾宾浩斯遗忘曲线

3. 要适当过度学习

过度学习是指对识记材料达到能够背诵程度之后所继续进行的学习。过度学习是相对适度学习而言的，所谓适度学习是指在识记材料刚刚达到能够背诵程度就中止了的学习。对于知识保持效果来说，过度学习优于适度学习。但过度学习也不是越多越好，一般认为，当过度学习在量上比适度学习多 50% 时，识记和保持的效果最好。

学习方法的意义在于更有效地学习，很多精研学习的人都会有一套自己适用的学习方法或学习模式，甚至有些学习方法在世界范围内得到认可，并竞相推广。如英国学习专家托马斯·斯特顿创立的 PQRST 五步读书法、美国罗宾森教授推崇的 SQ3R 学习法。

【知识链接】

SQ3R 学习法

SQ3R 学习法是美国麻省理工学院罗宾森教授总结提出的一种极其高效的学习方法。他小的时候学习成绩不佳，特别是英语单词总是记不住，经常受到同学的嘲笑。但他丝毫也不气馁，他对自己说："我相信，通过努力，我也能达到他们的水平。"他不仅达到了，而且超过了。他不断地探索，终于总结出这种学习方法。这种方法在英、美等国家的心理学教科书中多次被介绍，广为流传。SQ3R 学习法由学习任何书面材料所需的五个方面的第一个字母组成，分别是：浏览（survery）；问题（question）；阅读（read）；复述（recall）；复习（review）。

1. 浏览，即概要性地阅读。当你要读一本书或一篇文章时，必须借助标题和副标题知道大概内容，还要抓住开头、结尾及段落间承上启下的句子。这样一来，你就有了一个比较明确的目标，有利于进一步学习。

2. 问题。在学习时，要把注意力集中到人、事、时、地、原因等基本问题上，同时找找自己有哪些不懂的地方。如果是学习课文，预习中的提问可增加你在课堂上的参与意识。

3. 阅读。阅读的目的是要找到问题的答案，不必咬文嚼字，应注重对意思的理解。有些书应采用快速阅读，这有助于提高你的知识量，有些书则应采用精读法，反复琢磨其中的含义。

4. 复述。读了几段文字后，合上书想想前面究竟讲了些什么，可以用自己的语言做一些简单的读书摘要，从中找出关键的表达词语，采用精练的语言把思想归纳成几点，这样做既有助于记忆，又有助于提高表达能力。

5. 复习。在阅读了全部内容之后，回顾一遍是必要的。复习时，可参考笔记摘要，分清段落间每一层次的不同含义。复习的最主要作用是避免遗忘。一般来说，及时复习是最有效的，随着时间的推移，复习可逐渐减少。

SQ3R 学习法已被成千上万名学生采用，效果明显，他们发现这一方法对他们的帮助非常大。

四、锻造学习意志

意志力在影响学生学习的非智力因素中起着首要作用。人的意志力与克服各种各样的困难相联系，并在有目的的行动中表现出来。爱因斯坦说："优秀的性格和钢铁般的意志比智慧和博学更重要。"人的意志不是天生的，是在生产活动实践中不断克服困难发展起来的，困难是培养意志力的磨刀石。学习上的意志力是在具体的学习过程中通过克服困难形成的。中职学生必须努力锻造学习意志，勇敢面对挫折与失败，面对学习困难，加强自我控制，抵御外部干扰，不逃避、不退缩，迎难而上，在不断克服困难的过程中增强学习意志。

五、充分利用有效的学习资源

学会充分利用学校提供的学习资源，如课堂教学、图书馆、校园网、各类比赛活动等；学会使用工具书，独立查阅资料开展分析和研究；学会通过互联网的多种学习途径开展学习，主动通过多种渠道咨询老师、同学及其他可以提供学习帮助的人。采取多样化方法，充分高效地发挥各种学习资源优势，形成自己网状的学习支持体系，开展有效学习。

【拓展训练】

训练一：

数字多重奏

1. 全班同学分成几个小组，每个小组在纸上写下 10 组数字，每组数字可以是手机号码、身份证号码、邮政编码等。

2. 各组同学集思广益，看有什么好的办法能以最快速度将这些号码记熟。

3. 各组同学派代表展示小组同学的记忆结果。比一比哪个组的记忆效果好、效率高。

4. 各组同学派代表分享自己小组认为最好的记忆方法，并谈谈还有什么好的记忆策略。

训练二：

花样翻新

1. 全班同学分成几个小组，每组 10 人左右。

2. 每个小组准备一根 80 厘米长的绳子，把绳子的两端连接在一起，结为环形。

3. 各组同学通过手指挑、钩、穿等动作，将绳子变成几何图形，看看哪一组变的花样最多。

4. 小组讨论，并派代表分享训练的收获和体会。

【成长感悟】

1. 学习归因分析

如果某一次你考试失利了，你会把原因归结于以下哪些方面？

（1）我的学习能力不强；

（2）我的努力程度还不够；

（3）这次运气不好；

（4）这次考题太难了。

____

____。

如果你某一次考了全班最高分，你告诉自己：

（1）这次考题太简单了；

（2）这次我运气真好；

（3）我学习能力真强；

（4）这是我努力学习的结果。

____

____。

你的归因正确吗？是否有利于下一步的学习，请进行分析。

____

____

____。

2. 你存在学习方面的困扰吗？如果存在，你打算如何解决呢？

____

____

____

____。

3. 结合本单元学习内容，谈谈你平时的学习策略。你觉得有需要调整的地方吗？如果有，请你写下来。

____

____

____

____。

第六单元

摆脱成长烦恼　发展健康人格

【学习索引】

德国著名哲学家莱布尼茨曾说过："世界上没有两片完全相同的叶子，也没有性格完全相同的两个人。"正如"人心不同，各如其面"，每个人都有自己独特的精神面貌，人的心理千差万别，有人大公无私，有人损公肥私；有人勤奋严谨，有人懒惰散漫；有人活泼外向，有人沉稳内敛……这些外显的特征正是人格的不同表现。健康的人格是成功的基础。中职学生正处于人格发展的重要时期，每一个学生都需要关注自我人格的发展。那么什么是人格？人格有什么特征和主要内容？健康人格有哪些明显特征？我们又该如何去发展健康人格呢？本单元致力与你一起，走进人格的学习领域，认识人格内涵，塑造健康人格。

模块一　认识人格

【成长案例】

明明是某中职学校二年级模具制作技术班的学生，他发现同学们在上课回答老师问题时，主动性、积极性、语气语调、肢体动作都有较大区别。有人总是抢着发言，说话大声，语速快，像放连珠炮一样，只要有人跟他争论，就手舞足蹈，脸红脖子粗，容易愤怒；有人讲话口齿伶俐，眉飞色舞，有手势但又较节制，一边讲还一边观察别人对自己讲话的反应；有人基本不主动回答问题，被点名了，还会先思考一番，然后不紧不慢地陈述自己的意见；还有个别同学基本不说话，在老师或其他同学的催促下才会讲出自己的独到见解，讲话时语调舒缓，但语气十分坚定。

明明的发现你曾经注意过吗？是什么原因让同学们的表现如此不同呢？

一、什么是人格

人格一词来源于拉丁语 persona，意指古希腊戏剧演员在舞台上扮演角色时所戴的面具，与我们京剧中不同角色的脸谱类似，代表剧中人的身份并表现剧中人物的某种典型心理，后引申为演员所扮演的角色特征。

心理学中关于人格的定义较多，并没有特别得到公认的概念。不过现代心理学一般把人格定义为一个人的整体精神面貌，是一个人具有的不同于他人的独特而稳定的、持久的心理特征的总和。人格是各种心理特征的总和，也是各种心理特征的一个相对稳定的组织结构，在不同的时间和地点，它影响着一个人的思想、情感和行为，使之具有区别于他人的、独特的心理品质。

二、人格的基本特征

（一）整体性

人格的多种成分和特质不是孤立存在的，而是一个有机的系统。人的正常行为是这些成分和特质协调一致进行活动的结果。人格的整体性是衡量心理健康的重要指标。当一个人的人格结构在各方面和谐统一时，他的心理也是健康的。

（二）独特性

人格是缓慢形成的，遗传、教育环境，以及个人的主观努力程度不同，人们的心理特点也不同，表现为人与人的心理和行为方式不同。所谓“人心不同，各如其面”，指的就是人格的独特性。

（三）稳定性

由各种心理特征构成的人格一旦形成，对人的行为的影响是一贯的，不易随时间和地点的变化而改变。主要表现为跨时间、跨空间的一致性。所以我们常说：“江山易改，本性难移”，指的就是人格的稳定性。当然，人格稳定性并不意味着人格完全不能改变，在影响人格发展的内外条件改变的情况下，人格也有可能发生或多或少的变化，呈现一定的可塑性，但在一般情况下，这种可塑性并不明显。

（四）功能性

外在环境的刺激通过人格这一媒介才能发生作用，也就是说，人格对个人的行为具有调节的功能。因此，一个人的行为总会打上其人格的烙印。人格决定一个人的生活方式，甚至决定一个人的命运。当面对挫折与失败时，坚强者能发愤图强，而懦弱者会一蹶不振，这就是人格功能的表现。

三、人格发展的影响因素

（一）生物遗传因素

遗传是人格不可缺少的影响因素。遗传因素对人格的作用程度随人格特质的不同而异，通常在智力、气质这些与生物因素相关性较大的特质上，受遗传因素的影响较大。而在价值观、信念、性格等与社会因素关系密切的特质上，影响则较少。

（二）自然环境因素

生态环境、气候条件、空间拥挤程度等这些物理因素都会影响人格的形成与发展。有很多研究都说明了生态环境对人格的影响，另外气温会增加某些人格特征出现的频率，例如天气太热会使人烦躁不安，对他人的态度有所转变，甚至产生反社会行为。总之，自然环境对人格不起决定性的影响，更多地表现为一时性影响，而且更多体现在行为层面上，在不同物理环境中，人可以表现出不同的行为特点。

（三）家庭环境因素

家庭是社会文化的媒介，它对人格具有强大的塑造力，孩子的人格是在与父母持续相互作用中逐渐形成的。研究人格的家庭影响因素，重点在于探讨教养方式、家庭结构、经济条件、居住环境、家庭氛围、出生顺序等因素对人格发展的影响。研究发现，在众多的家庭影响因素中，父母的教养方式对孩子的人格发展影响最大。其中，采取权威型教养方式的父母在子女的教育中表现得过于独断，孩子的一切都由父母来控制，在这种环境下成长的孩子容易形成消极、被动、依赖、服从、懦弱等人格特征。采取放纵型教养方式的父母对孩子过于溺爱，让孩子随心所欲，父母对孩子的教育有时出现失控的状态，在这种家庭环境中成长的孩子容易形成任性、幼稚、自私、独立性差、唯我独尊等人格特质。采取民主型教养方式的父母与孩子处于一种平等和谐的家庭氛围中，父母尊重孩子，给孩子一定的自主权和积极正确的指导，孩子在这样的环境中会形成一些积极的人格品质，如快乐、自立、善于交往、富于合作、思维活跃等。由此可见，家庭确实是“人类性格的工厂”，塑造了不同的人格特质。

（四）学校教育因素

学校是一处有目的、有计划地向学生施加影响的教育场所，教师、班集体、同学与同伴等都对人格成长起着重要作用。研究表明，老师对学生人格的发展具有指导定向作用，教师的期望会引导学生形成教师期望的人格特质。

（五）社会文化因素

社会文化是一个广泛的范畴，它包括政治、法律、道德、风俗习惯以及衣食住行的方式等。不同的国家、不同的民族、不同的地区，在长期的历史发展中形成了自己特定的文化模式和传统。每个人都处在特定的社会文化环境中，社会文化对人格的影响极为重要。社会文化塑造了社会成员的人格特征，使其成员的人格结构朝着相似性的方向发展，这种相似性具有维系社会稳定的功能，又使得每个人能稳固地“嵌入”在整个文化形态里。社会文化对人格具有塑造功能，还表现在不同文化的民族有其固有的民族性格，不同的地域有着不同的文化传统，不同的文化发展时期有着不同的文化认同。例如，中华民族是一个勤劳勇敢的民族，“勤劳勇敢”的品质便是中华民族共有的人格特征。社会文化对人格的形成与发展具有重要的作用，特别是后天形成的一些人格特征，如性格、价值观等。社会文化因素决定了人格的共同性特征，它使同一社会的人在人格上具有一定程度的相似性。

（六）自我控制因素

人格的自我调控系统是人格发展的内部因素。人格调控系统是以自我意识为核心的。自我意识是人对自身以及对自己同客观世界的关系的意识，具有自我认识、自我体验、自我控制三个子系统。自我调控系统的主要作用是对人格的各个成分进行调控，保证人格的完整统一与和谐。具有良好自我调控力的人，能够客观地分析自己，愉快地接受自己，并不断地发展自我。他不会把遗传或生理方面的局限视为阻碍个人发展的因素，而是尽自己努力，有效地利用外部资源，发挥个人长处，努力地改善自己和完善自我。

总之，人格是遗传与环境交互作用的结果。在人格的形成过程中，各个因素对人格的形成与发展起到了不同的作用。遗传决定了人格发展的可能性，环境决定了人格发展的现实性，自我调控系统决定人格发展的统一性。

四、人格的构成

人格是一个人素质的重要组成部分，也是一个人心理面貌的集中反映。人格结构理论较多，涉及的内容很广，包括对人的特性的最基本的概括，对人行为的动机和目的的了解，对生活危机和转折点的认识，也包括价值观、信念的形成与选择的条件等。但总的来说，人格结构包括心理倾向性和心理特征两大部分。人格倾向性包括需要、兴趣、动机、价值观等；人格的心理特征是指在各种心理活动中，经常表现出来的稳定的心理特征，包括气质、性格、能力等。人格的形成和发展，与气质、性格的关系最为密切，没有离开人格的气质，也没有缺乏气质的人格，甚至有些心理学家认为性格就是狭义的人格。所以，认识自己的人格，重要的是对气质与性格的认识。

【知识链接】

弗洛伊德人格结构理论

西格蒙德·弗洛伊德是精神分析学派的创始人，他提出“潜意识”“自我”“本我”“超我”等概念，著有《梦的解析》《精神分析引论》《图腾与禁忌》等，被世人誉为“精神分析之父”、二十世纪最伟大的心理学家之一。他认为人格由本我（id）、自我（ego）和超我（superego）构成。

本我：人格结构的最低层次，是原始的无意识的先天本能或欲望，是基本的驱力源，从出生日起即已存在。本我的成分是人类的基本需求，包括各种生理需要，以非理性的方式工作，不受现实和道德的约束，遵循“快乐原则”。本我中的需求产生时，个体要求立即满足。例如婴儿感到饥饿时即要求母亲立刻喂奶，而不考虑母亲有无困难。

自我：人格结构的中间层次，是从本我中逐渐分化出来的，在人格中代表现实性一面，遵循“现实原则”，以合理的方式来满足本我的要求，学习到如何在现实中获得需求的满足，其主要作用是调节本我与超我两者的矛盾，对本我的冲动与超我的管制具有缓冲与调节的功能。

超我：人格结构的最高层次，是由于个体在生活中接受社会文化和道德规范的教养而逐步形成的，是社会化的结果。超我有两个重要成分：良心和自我理想，要求自己行为符合自己理想的标准，又规定自己行为免于犯错的限制。超我是人格结构中的道德部分，遵循“道德原则”，具有抑制本我的冲动、对自我进行监控、追求完善的境界的作用。

人格结构中的三个层次相互交织，形成一个有机的整体。它们各行其责，分别代表着人格的某一方面：本我反映人的生物本能，按快乐原则行事，是“原始的人”；自我寻求在环境条件允许的条件下让本能冲动能够得到满足，是人格的执行者，按现实原则行事，是“现实的人”；超我追求完美，代表了人的社会性，是“道德的人”。在通常情况下，本我、自我和超我是处于协调和平衡状态的，从而保证了人格的正常发展。如果三者失调乃至被破坏，人就会产生心理障碍，危及人格的发展。

（一）气质

1. 概念

一谈到气质，我们更多地理解为生活中形容的气度、风度、仪表、举止方面。而心理学所说的气质并不是这些意思。它是指一个人所特有的，相对稳定的心理活动的动力特征，主要表现在心理活动的强度、灵活性、指向性、平衡性等方面。如感知觉的敏度、思维的灵活性、行动的快慢、情绪表达激烈程度等。气质是人格发展的基础之一，是人格结构中比较稳定并与遗传素质密切相关的成分，受神经系统活动过程的特性所制约。一个人一出生，最先表现出的差别就是气质的差别。

2. 类型

心理学上关于气质类型的划分说法较多，最早对其进行划分的是古希腊的希波克拉底，他认为不同的人之所以脾气不同，是因为体内液体（血液、黏液、黄胆液、黑胆液）数量不同。后来罗马医生盖伦发展了这一理论。现代心理学因其分类与现代神经系统活动划分气质实验结果相似，就一直沿用了这一气质分类类型，将气质划分为多血质、胆汁质、黏液质、抑郁质四种类型，并将其称为“体液说”。

（1）多血质。

多血质心理特征属于敏捷而好动的类型。这种类型的人容易适应环境的变化，性格开朗，热情奔放，喜闻乐道，善于交际。在群体中朝气蓬勃，常能机智地化解难题。在工作学习上肯动脑筋，表现出机敏的工作能力，精力充沛，效率高。兴趣广泛而多变，容易接受新事物，不安于循规蹈矩的工作，有时轻诺寡信、见异思迁。

（2）胆汁质。

胆汁质心理特征属于兴奋而热烈的类型。这种类型的人在言语、面部表情和体态上都给人以热情直爽、善于交际的印象。有理想有抱负，反应迅速、行为果断，表里如一，喜欢指挥别人，有魄力、有毅力、敢负责，一旦认准目标，就希望尽快实现。但往往比较粗心，自制力较差，易感情用事，工作带有明显的周期性，做事虎头蛇尾。

（3）黏液质。

黏液质心理特征属于缄默而安静的类型。这种类型的人行动缓慢而沉着，严格恪守既定的生活秩序和工作制度，一般不做无把握的事，具有很强的自我克制能力，不轻易发脾气，外柔内刚，勤于思考，待人接物不卑不亢，习惯埋头苦干，心性坚忍不拔。黏液质的人态度持重，交际适度，不做空泛的轻谈，情感上不易激动，也不易流露情感，能自制，也不常显露自己的才能。但反应迟缓、行动缓慢、做事不够灵活，不善于转移自己的注意力，不善于随机应变，墨守成规，常表现沉稳有余灵活不足。

（4）抑郁质。

抑郁质的心理特征属于呆板而羞涩的类型。沉静羞涩而敏感，精神上难以承受或大或小的压力。微不足道的小事就能使其情绪波动。内心体验深刻，却极少向外表露情感。喜欢独处，交往拘束，兴趣爱好少，性格孤僻，多愁善感，优柔寡断，在友爱的集体中易相处。遇事三思而后行，求稳妥。在困难面前易怯弱、自卑。

总体来说，气质带有自然属性，每一种气质都有积极的一面，也有消极的一面，它们没有好坏之分，不具备社会意义的评价。它们虽然参与到人们生活的各个方面，但它并不起决定作用，它所影响的仅仅是活动的特点，任何一类气质的人都可能成为优秀人才，也可能成为碌碌无为之辈，问题不在于气质，而在于人对生活的信念和追求。据考证，俄国四位著名作家就是四种不同气质的典型代表：赫尔岑具有多血质的特征，普希金具有明显的胆汁质的特征，克雷洛夫属于黏液质，而果戈理属于抑郁质特征。我们要做的是因势利导，发挥气质的优势，注意气质的劣势，扬长避短，促进人格的健康发展。

【心理测试】

气质测试

下面60道题目大致可以帮助你确定自己的气质类型，请根据自己的真实体验和实际情况来回答。注意测验中的每一个问题都要回答，不要遗漏，以避免影响测验结果的准确性。

在回答这些题目时，你认为很符合的记 2 分；比较符合的记 1 分；介于符合与不符合之间的记 0 分；比较不符合，记-1 分；完全不符合的记-2 分，并将每题得分填写在下面表格对应的题目序号下方的空格中（见表 6-1）。

表 6-1　测评表

胆汁质	2	6	9	14	17	21	27	31	36	38	42	48	50	54	58	合计
多血质	4	8	11	16	19	23	25	29	34	40	44	46	52	56	60	合计
粘液质	1	7	10	13	18	22	26	30	33	39	43	45	49	55	57	合计
抑郁质	3	5	12	15	20	24	28	32	35	37	41	47	51	53	59	合计

1. 做事力求稳妥，不做无把握的事。
2. 遇到可气的事就怒不可遏，把心里的话全说出来才痛快。
3. 宁肯一个人干事，不愿很多人在一起。
4. 到一个新环境很快就能适应。
5. 厌恶那些强烈的刺激，如尖叫、噪音、危险镜头等。
6. 和人争吵时，总是先发制人，喜欢挑衅。
7. 喜欢安静的环境。
8. 善于与人交往。
9. 羡慕那种善于克制自己感情的人。
10. 生活有规律，很少违反作息制度。
11. 大多数情况下情绪是乐观的。
12. 碰到陌生人觉得很拘束。
13. 遇到令人气愤的事，能很好地控制情绪。
14. 做事总是有旺盛的精力。
15. 遇到问题常常举棋不定，优柔寡断。
16. 在人群中从不觉得过分拘束。
17. 情绪高昂时，觉得干什么都有趣；情绪低落时，又觉得什么都没有意思。
18. 当注意力集中于某一事物时，别的事很难使我分心。
19. 理解问题总比别人快。

20. 遇到危险情境常产生一种极度恐怖感。
21. 对学习、工作、事业具有很高的热情。
22. 能够长时间做枯燥、单调的工作。
23. 符合兴趣的事情干起来劲头十足，否则就不想干。
24. 一点小事就能引起情绪波动。
25. 讨厌做那种需要耐心、细致的工作。
26. 与人交往不卑不亢。
27. 喜欢参加剧烈的活动。
28. 爱看感情细腻、描写人物内心活动的文学作品。
29. 工作学习时间长了，常感到厌倦。
30. 不喜欢长时间谈论一个问题，愿意实际动手干。
31. 宁愿侃侃而谈，不愿窃窃私语。
32. 别人说我总是闷闷不乐。
33. 理解问题比别人慢些。
34. 疲倦时只要短暂的休息就能精神抖擞，重新投入工作。
35. 心里有话不愿说出来。
36. 认准一个目标就希望尽快实现，不达目的，誓不罢休。
37. 学习、工作同样一段时间后，常比别人更疲倦。
38. 做事有些莽撞，常常不考虑后果。
39. 老师或师傅讲授新知识、技术时，总希望他讲慢些，多重复几遍。
40. 能够很快忘记那些不愉快的事情。
41. 做作业或完成一件工作总比别人花的时间多。
42. 喜欢运动量大的剧烈体育活动，或参加各种文艺活动。
43. 不能很快地把注意力从一件事转移到另一件事情上去。
44. 接受一个任务后，就希望把它迅速解决。
45. 认为墨守成规比冒风险强些。
46. 能够同时注意几件事。
47. 当我烦闷时，别人很难使我高兴起来。
48. 爱看情节起伏跌宕、激动人心的小说。
49. 对工作持认真严谨、始终如一的态度。
50. 和周围人的关系总是相处不好。
51. 喜欢复习学过的知识，重复做已经掌握的工作。
52. 希望做变化大、花样多的工作。

53. 小时候会背的诗歌，我似乎比别人记得清楚。

54. 别人说我“出语伤人”，可我并不觉得这样。

55. 在体育活动中，常因反应慢而落后。

56. 反应敏捷，头脑清楚。

57. 喜欢有条理而不甚麻烦的工作。

58. 兴奋的事常使我失眠。

59. 老师讲新概念，常常听不懂，但是弄懂以后就很难忘记。

60. 假如工作枯燥无味，马上就会情绪低落。

评分与解释：

如果某类气质得分均高出其他三种 4 分以上，则可认定为该类气质。

如果某一栏得分超过 20 分，其他三栏得分较低，则为典型的该气质；如果这一栏得分为 10～20 分，其他三栏得分较低，则为一般气质。

如果有两栏的得分显著超过另两栏的得分 4 分以上，且这两栏得分接近，差异小于 3 分，则为这两种气质混合型。

如果三栏得分均高于第四种，且得分接近，则为这三种气质的混合型。

如果四栏分数都不高，且得分相近，差异小于 3 分，则为这四种气质的混合型。

（二）性格

1. 概念

性格是指一个人对周围事物的一种稳固的态度和与之相适应的习惯化了的行为方式，表现了人们对周围世界的态度，并体现于自己的言行当中。性格是具有核心意义的个性心理特征，是人们对客观现实的反映，是在社会环境中逐渐形成的，是后天习得的结果。曾经有这么一句话：“播种行为收获习惯；播种习惯，收获性格；播种性格，收获命运。”这就是我们常说的“性格决定命运”。性格是在社会生活实践中逐渐形成的，一经形成便具有较强的稳定性，改变较为困难，但如果生活环境和内心信念发生改变，也会导致性格的变化。

2. 特征

（1）态度特征。

态度特征指个体在对客观现实的稳固态度方面所表现出的差异，主要指对待和处理各种社会关系方面的性格特征。主要表现在对待社会、集体和他人的态度；对待工作、学习、生活的态度以及对待自己的态度等方面。如对待社会、集体的态度上，有些人的表现为拥护、热爱、公而忘私，而有些人的表现为缺乏责任感、冷漠；在对待他人的态度上，有人表现得正直、诚恳、热情、体贴，有人则表现得冷酷、虚伪、粗暴等；在对待生活、工作、学习的态度上，有人勤奋、认真、细致、节俭，有人懒惰、马虎、粗心等；在对待自己的态度上，有人表现出自信、自律、自强、自尊、谦虚等，有人表现出骄傲、自卑、自暴自弃等。

（2）意志特征。

意志特征是指个体行动中表现出来的意志努力，主要指在行为方式和行为水平上表现出来的性格特征，指个体对自我行为的控制水平、目标明确程度及长期工作和紧急情况方面处理的坚定性、果敢性的个体差异。具体表现为意志的四个方面：意志的自我控制方面，有人主动控制、严于要求自己、闻过必改，有人随意、率性而为、任性等；意志的自觉性方面，有人目标明确，做事目的性、独立性、组织纪律性都较强，有人做事盲目、冲动，自由散漫；意志的坚定性方面，有人恒定如一、坚忍不拔，有人见异思迁、虎头蛇尾等；意志的果敢性方面，有人在紧急、困难的情况下表现得镇定、果断、勇敢、顽强，有人表现得惊慌、怯懦、退缩、优柔寡断等。

（3）情绪特征。

情绪特征指人的情绪情感活动程度在稳定性、持续性、强度、主导心境等方面表现出来的个体差异。具体表现为情绪的四个方面：在情绪强度方面，有人激情四射，易受感染，情绪反应强烈，也有人情绪反应平淡；在情绪稳定性方面，有人易激动，情绪起伏大，也有人平静淡定，波澜不惊，悲喜不露；在情绪持久性方面，有人情绪稳定，持续时间长，也有人情绪变化快；而在主导心境方面，有人以积极的情绪为主，如愉快、振奋等，有人以消极情绪为主，如沉闷、忧郁等。

（4）理智特征。

理智特征指人在认知过程中的性格特征，主要是指在感知、记忆、想象、思维等方面表现出来的个体差异。如在整个认知活动中，有人观察仔细、方法灵活，善于独立思考，有人易受干扰，方法呆板，不懂变通，人云亦云；有人想象丰富，有人想象贫乏；有人善于发展思维，有人善于集中思维……总之，在认知过程中，由于认知内容广泛，认知手段多样，个人在感知、记忆、想象、思维方面处理不同，性格的理智特征在个体上的表现也存在明显的差异。

性格的四种特征并不是单独存在的，而是彼此相互联系，共同构成性格的有机整体。

性格是习惯不断积累固化而形成的人格心理特征，更多地受到后天条件影响，具有社会评价的意义，有优劣之分。如诚实、勤劳、勇敢、宽容、善良、坚强等被认为是好的性格，而虚假、懒惰、懦弱、尖酸刻薄等被认为是不好的性格。因此，在生活中，个体要养成良好的习惯，培养优秀的性格，才能更好地融入社会，获得他人与社会的认可。

模块二　中职学生健康人格塑造

【成长案例】

小慧是某中职学校二年级学前教育专业的学生。最近她非常苦恼，感觉学错了专业。因为她无法完成上讲台模拟讲课的任务，哪怕她鼓足了勇气，但一站起来，她就腿软。在平常生活中，她也是一个内向腼腆的女孩，不爱跟人交流，哪怕是同宿舍的同学，她也很少跟她们说话，总是安静地做自己的事情，如果要她去跟其他人沟通，她就会感觉很为难，会再三推脱。为什么她会这么内向呢？她要怎样做才能跟他人顺利地交流呢？她要怎样才能完成模拟讲课的任务呢？

人格的形成是社会化的过程，而中职学生正处于青年期，即个体向成人期过渡的关键阶段。身体的迅速发育成熟以及各种心理机能的发展促使他们进一步关注自我，渴望实现自我的价值。这一时期，生活环境的变化以及自身社会角色的转变，使得中职学生的人格特征带有明显的不稳定性，同时也表现出一定的冲突性。可以说，中职学生的人格并未真正形成，具有较强的可塑性与可调节性，中职学生应通过努力培养健康的人格。

一、何为健康人格

健康人格是指各种良好人格特征在个体身上的集中体现。具有健康人格的人，其最显著的特点就是能不断有意识地反思自我，控制自己的生活，掌握自己的命运。能正视过去、面对现实、注重未来，渴望迎接生活的挑战，在实践中充分发挥自己的潜能并实现自己的价值。很多心理学家对健康人格的标准都有自己的认识与看法，根据中职学生的年龄特点与身份特点，我们认为，健康人格至少要具备和谐的人际关系、良好的社会适应能力、正确的自我认识、乐观向上的生活态度和良好的情绪调控能力五条标准。

【知识链接】

我国学者对五条健康人格标准的解释

第一，和谐的人际关系。

人际关系最能体现一个人人格健康的程度。人格健康的人乐于与他人交往，并与他人建立良好的关系。与人相处时，尊敬、信任等正面态度多于嫉妒、怀疑等消极态度。健康的人常常以诚恳、公平、谦虚、宽容的态度待人，同时也受到他人的尊重。

第二，良好的社会适应能力。

社会适应能力反映了人与社会的协调程度。人格健康的人能够和社会保持良好密切的关系，以一种开放的态度，主动关心社会和了解社会。在认识社会的同时，使自己的思想、行为跟上时代的发展，与社会的要求相符合，能很快适应新的环境。

第三，正确的自我意识。

自我意识是个体对自己和自己与他人、自己与周围世界关系的认识。具有健康人格的人对自己能进行恰如其分的评价，充满自信，扬长避短，在日常生活中能有效地调节自己的行为，并与环境保持平衡。

第四，乐观向上的生活态度。

积极的人生态度是人类在社会实践中获得的本质力量的表现。乐观的人常常能看到生活的光明面，对前途充满希望和信心，对自己所从事的工作或学习抱有浓厚的兴趣，并发挥自身的智慧和能力，即使遇到困难和挫折，也能不畏艰险，勇于拼搏。

第五，良好的情绪调控能力。

情绪标志着人格的成熟程度。人格健康的人情绪反应适度，具有调节和控制情绪的能力，经常保持愉快、满意、开朗的心境，并富有幽默感，能合情合理地宣泄、排解、转移消极情绪。

二、中职学生人格发展中的不良表现

（一）无聊

无聊是较多中职学生存在的内心空虚的现象，表现为没有成长的目标，缺失成长的动力，同时缺乏对人生的思考，感觉不到自我存在的意义。每天被动承受学校的学习安排，不主动求解，不追求成功，以无所谓的态度面对学习、学校、家庭和社会的要求。缺少成长的主动性。克服无聊的根本方法是要探索人生的意义，确立人生的目标，以目标引领行动，充实生活，追求人生价值的实现。

（二）懒惰

懒惰是一种心理上的厌倦情绪。主要表现为活力不足，什么都不想做，常与拖延相伴，是影响中职学生积极进取的天敌。处于懒惰状态的中职学生常为自己的懒惰寻求合适的解释，做事一拖再拖，也常因此感到内疚、自责、后悔，但又无法自拔，心有余而力不足。要克服懒惰，应充分认识其危害性，对自己负责，从日常小事做起，自我监控，学习统筹和管理时间，不给自己任何拖延的理由，按计划完成所有事项。

（三）狭隘

狭隘就是人们常说的"气量小""小心眼"等。主要表现为心胸狭窄、凡事斤斤计较、耿耿于怀、挑剔、嫉妒、容不得人等。往往影响人际关系，伤害他人感情，也常给自己带来烦闷、苦恼，影响自己的情绪和在他人心目中的形象。克服狭隘，要学会宽容，正确看待生活中出现的矛盾与冲突。开阔视野，多学习多借鉴，练就开阔的胸怀，能容人容事。正如歌德所说："比海洋更广阔的是天空，比天空更广阔的是心灵。"

（四）退缩

退缩是在困难和挫折面前选择逃避的心理。主要表现为缺乏勇气和信心，不敢承担责任，在挫折、困难面前常常知难而退，甚至不战而败。有些中职学生不敢与人讲话，不敢出头，也不敢表明自己的态度，甚至不敢向老师提问题；有些中职学生不敢冒风险，不敢担重任，不敢与坏人坏事做斗争，不敢坚持自己正确的观点。克服退缩的最好办法就是拿出勇气和毅力，鼓励自己积极应对生活中的挫折，发现自己的优点。我们要敢于抓住机遇，积极锻炼，变被动为主动，完成退缩向进取的转变。

（五）虚荣

虚荣是一种被扭曲了的自尊心，是自尊心的过分表现，是一种追求虚表的人格缺陷，是人们为了取得荣誉和引起普遍注意而表现出来的一种不正常的社会情感。虚荣心往往与自尊心、自卑感联系在一起，没有自尊心，就没有虚荣心，而没有自卑感，也就不必用虚荣心来表现自尊心，虚荣心是自尊心和自卑感的混合物。虚荣心强的中职学生一般性格内向、情感脆弱、多愁善感，虽然自惭形秽，却又害怕尊严受损，与人交往时防御心理强，特别介意别人的评论与批评。要克服虚荣心，首先，要对其危害性有清醒的认识，有勇气有决心改变自己。其次，应当正确认识自己，正视自己的优势与不足，扬长避短。最后，要树立自信，正确表现自己，不卑不亢，不为外界的议论所左右，正确对待个人得失。

（六）自我中心

自我中心是指思考问题时总是以自己为出发点。主要表现为以自我为核心，想问题、做事情从自我出发，不能设身处地进行客观思考，目中无人，甚至自私自利，遇到冲突时，都认为自己正确、别人错误，人际关系多不和谐。尤其是那些有较强自信心、自尊心、优越感、独立感的中职学生比较容易出现自我中心倾向。要克服过分自我中心就需要正确认识自己，对自己做出客观评估，同时，树立健康的人生观，自觉地将自己和他人、集体结合起来，学会尊重他人，将心比心，换位思考，真诚地关爱他人。

（七）意志不全

意志不全是指意志的发展不完整、不健全。主要表现为不能自觉制定目标，不能自觉克服行动的阻力和困难，不能进行自我约束和自我调控，有时轻率、固执己见、不理智。意志不全的中职学生常常曲解意志品质，刚愎自用，混淆意志、行动、过程的概念，如把固执当作顽强，把轻率当作果断等。要克服意志不全，就必须正确理解意志的内涵，树立远大理想，在理想的指引下，自觉确定行动的目标，不断付诸实践，锻炼意志的果断性、坚韧性，自觉约束行为，致力行动目标的实现。

【心理故事】

老人与山

夏伯渝，中国登山家。对他来说，珠穆朗玛峰 8844 米的高度不是一个数字，而是他一生的目标和追求。自 1975 年首次攀登珠峰以后，夏伯渝在登山的路上已经坚持了 43 年。第一次登珠峰时他把睡袋让给一位藏族同胞，导致自己因冻伤失去双腿，他的登山梦也因此破灭，他陷入了绝望，但不久，一位来华科普假肢技术的德国专家告诉他，安上假肢不但可以像正常人一样生活，而且可以继续登山，这让他重新燃起了希望。刚装上假肢，只能站稳迈步，他就说“可以向我的梦想前进了”。尽管医生不准他多动，但他还是天天运动，伤口破了就自己换药。恰好那时候有了残疾人运动会。开始，他并不愿意参加，因为他并不认为自己是残疾人。但为了将来可以再登山，也为了带动群体运动，他参加了残疾人运动会的比赛，这一参加就是 20 年。大运动量的训练，假肢把腿磨破，伤口还没愈合又被磨破，因长期不愈合就发生了癌变。但他始终用独有的坚强、乐观与执着对抗着人生骤变和世事沧桑。为了再次攀登珠穆朗玛峰，他屡次挑战自我，不断克服常人难以想象的障碍，勇做生命强者。2014—2015 年，他发起了两次登珠峰的行动，却因为遭遇雪崩和大地震而被迫撤退。2016 年他再登珠峰，又遭遇极端天气，在距离顶峰仅 94 米时被迫下撤。这些失败都没有让他放弃自己登顶珠峰的梦想。2018 年 5 月，已经 69 岁的他又向着珠峰发起了冲击，终于在 14 日 10 点 40 分成功登上珠穆朗玛峰，成为中国第一个依靠双腿假肢登上珠峰的人。

夏伯渝与山的故事足足写了 43 年，一次又一次的攀登，一次又一次的失败，就像是命运的捉弄，但他从未气馁。生命还在，梦想不灭，他坚信，只要梦想在，只要肯攀登，哪怕是平凡的生命也能与世界第一山等高。

三、中职学生建康人格的培养途径

（一）树立正确的人生观、价值观

人生观是指一个人对人生的根本态度和看法，这其中包括对人生价值、人生目的和人生意义的基本看法和态度。而价值观是指一个人认定事物、辩定是非的思维，是一个人关于是非曲直、善恶美丑的取向和选择。人生观、价值观是辩证统一的，有怎样的人生观就有怎样的价值观。人生观决定你想做一个什么样的人，而价值观则直接影响你做每件事。人生观决定了一个人的人生追求，价值观决定了一个人的行为准则。人生观、价值观都是在社会化的生活中逐渐培养、发展形成的。而在人格结构体系里，人生观、价值观属于人格倾向性内容，是人格发展的方向性主基调，其正确与否直接影响健康人格形成。因此，中职学生只有树立了正确的人生观、价值观，其人生旅途才有明灯指引方向，才有披荆斩棘的勇气，才有可能成为一个高尚的、有益于他人的人。中职阶段是人生观、价值观形成的重要时期，我们要在学习、生活中全方位思考，遵循社会主流价值观，确定人生发展方向，学会学习、学会创造、学会奉献。

（二）丰富文化知识

人的知识愈广博，人格便愈臻完善。刻苦学习、增长才学的过程也是人格化的过程。事实上，一些中职学生人格发展当中的不良表现，如狭隘、固执、自私等，正是源于知识的贫乏，源于自身的无知，无知者所以无畏。因此，中职学生要在发展自我的过程中，广泛阅读古今中外文化经典，不断汲取知识，丰富文化内涵，开阔眼界，从多元经典的知识宝库中收获人格成长的力量，奠定人格发展的知识基础。

（三）养成良好习惯

人格除了受遗传因素的影响外，还受后天环境和教育的影响。习惯是人格特质的重要表征之一。习惯所体现出来的是人格中自动化的、稳定的行为方式和特征，是组成人格特质的重要基础。人格的形成与习惯的养成存在密切关系，健康人格的塑造与良好行为习惯的养成密切相关。良好行为习惯是健康人格形成的基础和外在标志，健康人格是良好习惯的升华和结晶。美国心理学家华生曾对人格和习惯做过一个有趣的比喻：人格是一个人在反应方面的全部资产和债务。资产是那些与环境适应的习惯，债务是人对环境适应欠缺或阻碍的行为习惯。当一个人人格已经“资不抵债”“赤字累累”时，再来通过培养好习惯塑造人格，或许已经晚了。因此，中职学生要以培养健康人格为目标，从点滴做起，巩固好习惯，修正不良习惯，促进人格的健康发展。

（四）注重自我反省

自我反省是健康人格培养必不可少的途径。我国古代先贤曾子就特别注重反思，曾子说过：“吾日三省吾身，为人谋而不忠乎？与朋友交而不信乎？传不习乎？”在成长过程中，应不断反省，见贤思齐，见不贤而内省，认真开展自我批评，在反省过程中肯定自己的优点，发现、改正自己的缺点，走出自我弱点的沼泽。全面、正确地认识自己是自我反省的前提，只有对自己做出客观评价，认识到“尺有所短，寸有所长”，发扬好的人格品质，借鉴他人的优秀品质，才能不断提升自我，实现自我的完善。

（五）加强实践锻炼

德国哲学家叔本华曾说过：完美的人格和高尚的情操都是通过实际生活锻炼出来的。实践是人格发展的必由之路。人生观、价值观的确立，自省的深入，知识的应用，意志的增强，目标的实现等都需要通过实践锻炼才能达成。中职学生正处于人格发展的重要阶段，只有亲身参与各种实践活动，与他人、与社会积极互动，才能加深对人生、对社会、对他人的认同和理解，才能真正增强自身的社会责任感，塑造正确的人生观、价值观，才能把握好自己的角色行为，发展健康的人格。

【拓展训练】

训练一：

价值观念拍卖

1. 训练前期准备。将拍卖的东西及其价值事先写在硬纸板上(可用不同颜色)，如表 6-2 所示。

表 6-2　拍卖明细

项目	价格（元）	项目	价格（元）
1. 亲情	500	12. 金钱	1000
2. 友情	500	13. 欢乐	500
3. 健康	1000	14. 长命百岁	500
4. 美貌	500	15. 豪宅名车	500
5. 礼貌	1000	16. 每天都能吃到美食	500
6. 名望	500	17. 良心	1000
7. 爱心	500	18. 孝心	1000
8. 权力	500	19. 诚信	1000
9. 能力	1000	20. 智慧	1000
10. 拥有自己的图书馆	1000	21. 更高学府的录取通知书	500
11. 聪明	1000	22. 冒险精神	1000

2. 主持人宣布游戏规则。每个学生手中有 5000 元，它代表了一个人一生的时间与精力。每个人可以根据自己对人生的理解随意竞买表中的东西。每样东西都有底价，每次出价都以 500 元为单位，价高者得，出价 5000 元的，立即成交。

3. 模拟拍卖。由主持人或其他一位同学做拍卖师，按规则进行拍卖，尽可能拍卖完所有的东西。如果有东西流拍，那就留下。

4. 同学们认真考虑买回来的东西。

5. 分享与讨论

例如，你是否后悔你买到的东西？为什么？如果再给你一次机会，你会重新选择别的东西吗？在拍卖的过程中，你的心情如何？花大力气拍到的东西是你最想要的吗？钱是最重要的吗？有没有比钱更重要的东西？你愿意为了别的东西放弃金钱和名望吗？为什么这几样东西我们没有一个同学拍呢？等等。根据现场情况，可设计更多符合实际的题目展开讨论。

____

____

____

____。

训练二：

我的人格木桶

1. 将全班同学分成几个小组，每组 8～10 人。

2. 等分 A4 纸。每人将 1 张 A4 纸裁成 10 张约 10 cm 长、2.5 cm 宽的长方形小纸条，并在每张小纸条上画上 10 等分的格式，每格约 2.5 cm 长、1 cm 宽。

3. 填写描述人格特征的词和句子。每个人都仔细思考，在小纸条上写出最能代表自己的，对自己学习、生活、未来事业影响较大的描述人格特征的 10 个词或句子，每张小纸条上写一个词或一个句子。

4. 截分小纸条。自己给每张小纸条上写的人格特征打分（10 分制），如你给自己“果断”的人格特征打 7 分，就将小纸条在 7 等分处截断，将剩余的三等分的小纸条放进垃圾桶。

5. 制作小木桶。将截断后的小纸条围成一个小木桶。

6. 分享与讨论。对这次活动你有什么感受与体会？思考自己的人格木桶，哪块板是你的短板？你打算怎样把短板加长呢？要知道木桶能装多少水，取决于最短的那块木板哦。

____

____

____

____。

【成长感悟】

1. 本单元哪些内容对你启发或触动最大？

____

____

____。

2. 通过本单元的学习，你对自己的人格现状了解了多少？觉得人格的哪些方面是需要加强或改进的？你打算怎样有针对性地完善你的人格呢？

____

____

____

____。

第七单元

认识职业内涵　提升职业素质

【学习索引】

“凡事预则立，不预则废”。要想干成一件事，仔细、认真的规划不可或缺。同样，一个人想要立足职场，对职业生涯的规划势在必行。成功的人生需要正确的规划，科学规划自己的职业生涯，是每一个人迈向成功人生的第一步。那么什么是职业？什么是职业生涯规划？规划职业生涯时需要考虑哪些因素的影响？毕业时，面对纷繁复杂的就业市场，你会出现哪些心理困扰？将如何进行择业心理调适，培养健康的择业心理呢？另外，面对大众创业、万众创新的新局面，你又需要做好哪些创业准备？本单元致力与你一起诠释职业的内涵，开启职业生涯规划的征程，踏上创业条件准备的旅途，领略择业的困惑及健康择业的心境，助你走向职业人生的成功起点。

模块一　认识职业

【成长案例】

小思是某中职学校计算机专业一年级学生，她说她不想去外面工作，现在互联网技术发达，在家就有事情可做，她准备学好计算机技术，专门在网上给人办理各种业务，如帮人代购商品、开发软件，只要有人购买使用，自己就可以轻松赚钱了，再不然，还可以在网上写小说，或者做一名主播，只要有网站签约，有人打赏，也能够生活。

你认为小思对于未来的规划属于职业的范畴吗？

一、什么是职业

（一）职业的概念

职业是指人们为了谋生和发展而从事的相对稳定的，有经济收入和专门类别的社会活动，是对特征相同或相似的一类工作的统称。职业体现了人们从事某种专业活动担当的角色。职业活动是人们创造社会价值或经济价值的活动，并从创造的价值中取得自己应得的报酬，具有维持生存、发展自己、贡献社会的重要意义。每个人的一生大部分时间都在工作，都与职业发生着密切联系。对大多数人来说，职业是实现自身价值、影响生活的重要方式。职业与人的一生密切相关，选择职业就是选择未来和人生。一个理想的职业，能充分发挥自己的才能，成就一番事业，是中职学生所期盼的人生大事。因此，认识社会职业、掌握职业基础知识是职业生涯成功的基础条件。

（二）职业的分类

俗话说："三百六十行，行行出状元。"这正是我国古代对职业的分类。我国现有的职业分类在 1999 年制定的《中华人民共和国职业分类大典》中有明确说明，该大典将我国职业分为 8 大类、64 中类、413 个小类、1 838 个细类（职业）。以下就 8 个大类进行说明。第一大类：国家机关、党群组织、企业、事业单位负责人；第二大类：专业技术人员；第三大类：办事人员和有关人员；第四大类：商业、服务业人员；第五大类：农、林、牧、渔、水利业生产人员；第六大类：生产、运输设备操作人员及有关人员；第七大类：军人；第八大类：不便分类的其他从业人员。

（三）职业的发展趋势

社会发展和科技进步推动了职业演变和流动。以前用普通车床，现在用数控车床。职业的演变对从事职业的素质、技能要求不断提高，一些职业更倾向于专业化、智能化和综合化。同时，国家实行双向选择，就业竞争压力大，自主择业，职业的流动性增强，一个人面临的职业变化也越来越频繁，这是现实，也是社会发展的必然趋势。

二、职业与专业

专业是指根据科学分工或生产部门的分工把学业分成不同的门类。学科分类、职业分类是职业技术教育设置专业的重要依据。根据《中等职业学校专业目录》（2016 年修订）指出，我国中等职业学校共有 299 种专业。但是在我国国民经济建设不同的产业、行业领域中，有 1 838 种不同的职业。所以是专业少，职业多。一个专业适用于多个职业领域。比如，你学习的是“电子商务”专业，但是，你可以从事网络编辑、网站营销策划、网络营销专员、广告投放专员、网络推广主管、市场调研分析师、团队创业电子商务员、在线客服、行政秘书等工作。你学习的是“物流管理”专业，你可以从事的职业仍然很多，如各行业的采购员、仓储管理员、收购员、市场调研员等。

学好专业是选择对口职业的必备条件。在现代社会里，一个人不学习专业知识和技能，就很难选择对口的职业，即使能就业，收入也不高。有人说，关系是泥饭碗，是会碎的；文凭是铁饭碗，是会锈的；本事是金饭碗，是会升值的。因此，对我们每个同学来说，抓住今天，努力学习专业知识、训练专业技能、培养职业能力，未来的职业人生才会更加顺利辉煌。

模块二　科学规划职业生涯

【成长案例】

小雨是某中职学校学前教育专业一年级的新生，非常内向，不爱说话。班主任问她是否喜欢所读的专业，她说：“不知道，是父母帮她报的，说这个专业将来好就业。”班主任又问她：“你认为这个专业将来的就业方向是什么？”她说：“应该是幼儿园吧。”班主任再问她：“你喜欢小朋友吗？”她说：“喜欢静，特别讨厌小朋友，她（他）们太吵啦！”班主任沉思了一会说：“你讨厌小朋友，将来从事幼教工作不是很辛苦吗？”班主任建议她好好想想，与家长仔细沟通，最好去幼儿园跟班一两天，看是否坚持学这个专业。一周后，小雨跟班主任说，如果可能的话，她想换学校的会计专业，因为她心细，又喜欢安静，而且数学基础还不错，会计工作是她喜欢的工作。刚好学校会计专业还有名额，于是小雨在入学两周后转入了会计专业进行学习。

一、职业生涯规划概念

工作是人一生非常重要的部分，也许是从一而终，只从事一份职业，也许是风雨兼程，历经多种职业的洗礼。我们把一个人一生的工作经历，特别是职业、职位的变动及工作理想实现的整个过程称之为职业生涯。而对职业生涯的具体设计就是职业生涯规划。职业生涯规划是个人在进行自我剖析，全面认知主、客观因素的基础上，确定个人所适合的职业、工作环境和工作单位类别的一种职业策划方式。科学的职业生涯规划强调在“知己”“知彼”的基础上进行规划，有助于中职学生认清自我条件，厘清环境因素，帮助中职学生真正了解自己，为自己筹划未来，定下事业大计，确定一生的发展方向。职业生涯规划的基础条件如图 7-1 所示。

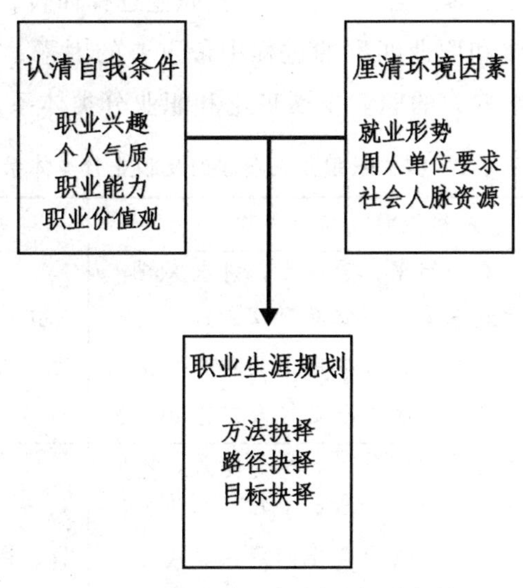

图 7-1　职业生涯规划的基础条件

二、职业生涯规划需考虑的因素

（一）主观因素

认清自我，考虑自己的主观因素，是进行职业生涯规划的重要依据。人格是一个人素质的重要组成部分，也是一个人心理面貌的集中反映。人格理论所涉及的内容很广，包括对人的特性的最基本的概括，对人行为的动机和目的的了解，对生活危机和转折点的认识，也包括价值观、信念的形成等。美国著名就业指导家霍兰德曾提出过著名的“职业人格类型理论”。他认为个人的人格与工作环境之间的适配和对应是职业满意度、职业稳定性与职业成就的基础，个人的人格与职业环境类型配合得当，职业环境就越能给予个人所需的机会和奖励。根据人格与职业环境适配性的高低，可以预测个人的职业满意度、职业稳定性及其职业成就。在霍兰德的理论中，人格被看作是兴趣、价值、需求、技巧、信仰、态度和学习个性的综合体。而认清自我主要就是要了解自己的职业心理。它包括职业兴趣、个人气质、职业人格、职业能力、职业价值观等。霍兰德的职业兴趣理论还提出，兴趣是描述人格的另一种方法，是职业选择中一个更为普遍的概念。

1. 职业兴趣

兴趣就是个人对其环境中的人、事、物所引发的喜爱程度。职业兴趣就是个人对某专业或职业的喜爱程度。当你对于你所从事与参与的活动感兴趣时，就会全力以赴，置身其中并得到快乐与满足。相反，如果你对于所从事的活动缺乏兴趣，对该活动的参与度与满足感就会大打折扣。就职业选择而言，霍兰德的职业人格类型理论提出兴趣是个体和职业匹配的过程中最重要的因素，直至目前，霍兰德职业兴趣理论都是最具影响力的职业发展理论和职业分类体系，如表 7-1 所示。

表 7-1 霍兰德职业兴趣理论及职业分类体系

人格类型	人格倾向及职业兴趣	适应的职业举例
现实型（R）	这种人真诚坦率，较稳定，讲求实利，害羞，缺乏洞察力，容易服从。这种人有器械和运动技能；喜欢用工具和物体在户外工作，喜欢与物而不是与人打交道	工程师、农民、自动化技师、机械工、电工等
研究型（I）	这种人喜欢观察学习、研究分析、评估和解决问题。这种人有数学和科学能力；喜欢单独工作和解决复杂问题；喜欢与观念而不是与人或物打交道	气象学家、生物学家、药剂师、化学家、科学报刊编辑、地质学家、实验员、科研人员、科技工作者等
艺术型（A）	这种人有艺术能力和想象力；喜欢原创性的工作；喜欢在自由的环境中工作，喜欢与观念而不是与物打交道	室内装饰专家、摄影师、音乐教师、作家、演员、记者、诗人、编剧、漫画家等
社会型（S）	这种人善于社交；对社会关系和帮助他人解决问题感兴趣；喜欢教导、帮助、启发或训练别人；喜欢与人而不是与物打交道	社会工作者、咨询师、教师、学校领导、社会学者、导游、福利机构工作者等
管理型（B）	这种人有领导和演讲才能，喜欢与人群互动；有说服力，追求政治、经济上的成就；喜欢与人和观念，而不是与物打交道	推销员、进货员、商品批发员、企业经理、广告宣传员、调度员、律师、零售商、政治家等
常规型（C）	这种人有写作或数据分析的能力，喜欢室内工作和有秩序的环境；能够听从指示完成细致而琐碎的工作；喜欢处理文字与数学问题，而不是人和观念	会计类工作、速记员、成本估算员、核算员、打字员、办公室职员、统计员、计算机操作员、秘书等

2. 个人气质

个人气质是指个人心理活动表现在强度、速度、稳定性和灵活性等方面动力性质的心理特征，相当于我们日常生活中所说的脾气、秉性或性情，是不以活动的动机、目的和内容为转移的，它往往以同样的方式表现在各种活动之中。总体来说，气质带有自然属性，比较时不能进行社会意义的评价，它们虽然参与到人们生活的各个方面，但它并不决定人的智能高低和成就的高低，它所影响的是活动的特点，任何一类气质的人既可能成为优秀人才，也可能成为碌碌无为之辈。就职业选择而言，如果所选择的职业与自己的气质相匹配，则更容易适应工作岗位，获得发展，取得成就。气质类型与优势职业举例如表 7-2 所示。

表 7-2　气质类型及优势职业举例

气质类型	适合从事的工作性质	不适合从事的工作性质	优势职业举例
胆汁质	反应迅速、应急性强，但不要求细致、稳定的工作，较适应喧闹、嘈杂的工作环境	需要长期安坐、细心检查的工作	导游、推销员、节目主持人、演讲者、接待员、演员、监督员等
多血质	反应敏捷且有一定创造性的工作	单调机械和要求细致的工作	外交人员、管理人员、公关人员、驾驶员、医生、律师、运动员、记者、演员、警察等
黏液质	有条不紊、刻板平静、耐受性高的工作	灵活多变的工作	外科医生、法官、管理人员、会计、保育员、话务员、播音员等
抑郁质	安静、保密、少变化、与人接触少、观察细致的工作	与人接触多、变化大、灵活性强的工作	校对员、打字员、化验员、保管员、机要秘书、艺术工作者等

3. 职业能力

能力是指顺利完成某种活动所必须具备的一种心理特征。职业能力是指顺利完成某种职业所必须具备的心理特征。能力对人一生的职业道路的选择、事业的成败具有重要的作用。任何职业都要求从业者掌握一定的技能，具备一定的条件。职业不同，对技能的要求也不一样。任何一种技能都是经过一定时间的训练后才被劳动者所掌握的。职业能力可通过心理测试、他人评价、生活与实践表现等多种渠道获得。职业生涯规划要考量能力类型与职业的匹配性及能力水平与职业层次的匹配性。

【知识链接】

职业能力结构

第一，职业特定技能——区别于其他职业的特殊能力要求。第二，行业的通用技能。第三，职业核心技能——范围最小、通用性最强的技能，是人们在职业生涯甚至日常生活中必需的，并能体现在具体职业生活中的最基本技能，具有普适性和可迁移性。一般来说，职业核心技能包括 8 大类，即交流表达能力、数字运算能力、革新创新能力、自我提高能力、社会合作交往能力、解决问题能力、信息处理能力、外语应用能力。

4. 职业价值观

职业价值观是指一个人对各种职业价值的基本认识和基本态度。作为人们对待职业的一种信念和态度，职业价值观决定人们的职业期望，影响人们对职业方向和职业目标的选择。每个人因成长环境、教育背景、个性追求等差异，会对同一职业有不同的评价和态度。人的需要不同，成就动机不同，对职业生涯的规划也就不同。有些人在一开始可能就决定一辈子的追求，但有的人却在职业生涯不断行进的过程中，修正或发展着自己的需要。职业价值观与职业类型的匹配性分析如表 7-3 所示。

表 7-3　职业价值观与职业类型的匹配性分析

职业价值观	特点	相应职业类型
自由型	不受别人指使，凭自己的能力拥有自己的小“城堡”，不愿受人干涉，想充分施展本领	室内装饰专家、摄影师、音乐教师、作家、演员、记者、诗人、作曲家、编剧、雕刻家、漫画家等
小康型	渴望有社会地位和名誉，希望常受人尊敬。欲望得不到满足时，由于过分强烈的自我意识，有时反而自卑	记账员、会计、银行出纳、法庭速记员、成本估算员、税收员、核算员、打字员、办公室职员、计算机操作员、统计员、秘书等
支配型	喜欢支配、影响他人，重视权力、地位和影响力，喜欢竞争，追求卓越的成绩	推销员、进货员、商品批发员、各单位管理人员、广告宣传员、调度员、律师、政治家、零售商等
自我实现型	一心一意挖掘自身潜力，以实现自己终极理想为己任，不注重平常的收入、地位以及他人对自己的看法	气象学家、生物学家、天文学家、药剂师、动物学家、化学家、科学报刊编辑、地质学者、植物学者、数学家、实验员、科研人员、科技工作者等

续表

职业价值观	特点	相应职业类型
志愿型	富有同情心，以帮助别人为乐，视别人的快乐为快乐	社会工作者、导游、教师、咨询人员、护士等
技术型	认为立足社会的根本在于一技之长，靠本事吃饭是最好的生活方式	木匠、工程师、自动化技术员、野生动物专家、机械师、电工、司机

（二）客观因素

1. 衡量就业现实

思考就业现实，转变择业观念。中小企业、艰苦行业人才相对缺乏，中职学生可充分考虑。此外，中职学生还要分析自己在整个中职学生就业群体中的位置和在群体竞争中存在何种优势等，这是职业生涯规划的起点。

2. 重视用人单位职业素质要求

职业素质是指专业知识、专业技能和专业能力等与职业直接相关的基础能力和综合素质。主要表现在职业兴趣、职业能力、职业个性及职业情绪等方面，分为显性素质和隐性素质两部分。显性素质指职业基本知识和基本技能，隐性素质指道德品质、学习能力、团队意识等。不同的职业对具体专业知识和专业技能要求并不一致，但对隐性素质的要求却十分接近。有人曾对企业进行过调查，发现最受企业欢迎的十大素质包括：职业品格、敬业精神、主动性、责任心、扎实技能、工作绩效、执行力、协作精神、创新能力、发展潜力。

3. 考量社会人脉资源

很多人都认为人脉关系依托于家庭关系，其实中职学生可以在自己的学习和工作过程中有意识地培养一些人脉资源。在职业生涯规划中，我们需要考量周围亲戚朋友等人脉资源以及他们在某些职业领域能给我们提供哪些帮助。良好的人脉资源有助于个人形成职业能力，提供就业帮助，促进职业生涯发展。

三、职业生涯规划方法——“5W 归零思考法”

“5W 归零思考法”是国外职业专家推荐的一种简单易行的方法，也是许多职业咨询机构和心理学专家进行职业咨询和职业规划时常常采用的一种方法。它需要中职学生自己独立思考并回答以下五个问题，找出自己职业规划的优势和劣势，综合五个问题的答案，就可以设计出自己的职业规划。

（1）Who am I?（我是谁？）

（2）What I want to do?（我想做什么？）

（3）What can l do?（我能做什么？）

（4）What Can support me?（环境支持或允许我做什么？）

（5）What can I be in the end?（我的职业生涯规划是什么？）

第一个问题“我是谁？”真诚面对自己，进行一次深刻的反思，认真考虑自己的优点、缺点、爱好、特长、性格等，争取尽可能多地回答这个问题，以帮助自己认清自己的“真实面目”，尽量准确地表达自己的想法。完全确定答案后，按重要性排序。

第二个问题“我想做什么？”是对自己职业发展的一个心理趋向的检查。每个人在不同的时期都可能有不同的理想，这主要与不同阶段的环境、兴趣、性格有关。但随着年龄的增长，这种职业理想会逐渐固定下来，并成为自己的人生目标。在具体回答的时候，需要回忆从小时候到现在每个阶段的理想，依次把它们列出，再依照理想实现的程度大小对这些答案排序。

第三个问题“我能做什么？”是对自己能力与潜力的考察。一个人职业的定位最根本的还要归结于他的能力，而其职业发展空间的大小则取决于其潜力。对于一个人潜力的了解应该从个人的兴趣、做事的韧力、遇事的判断力以及知识结构是否全面、是否及时更新等方面考察。考虑成熟之后，就可以把自己确定的能力和潜力归纳出来，这也需要认真地排序。

第四个问题“环境支持或允许我做什么？”主要考察影响职业生涯规划的客观因素。只要认为自己可以借助的环境都应考虑。而且，主观与客观、近期与长期的环境都应综合起来考虑。在这些环境中，认真想一想自己可能获得什么样的环境支持，然后一一写下来，再按重要性排序。

第五个问题“我的职业生涯规划是什么？”明晰了前面四个问题，就会从各个问题中找到对实现有关职业目标有利或不利的条件，列出不利条件最少的、自己想完成而且能达到的职业目标，完成职业生涯的规划。

处于不同职业生涯发展阶段的人所面对的环境要求不同，自身素质积累也不同，因此，职业生涯规划不是一蹴而就的，而是根据个体学习、生活和职业发展现状不断进行的活动。外因是职业生涯规划变化的条件，内因是职业生涯规划变化的依据。在进行职业生涯规划时，要对照自己“所长”“所爱”“所需”“所能”

“所有”来进行。知己知彼，取长避短，发挥自己的特长和优点，规避和克服自己的劣势和不足，职业生涯设计就有了成功的基础。

模块三　中职学生择业心理困扰及其调适

【成长案例】

小陆是某中职学校计算机应用技术专业毕业生，其在校学习期间掌握了计算机信息处理技术的基本知识和操作技能，获得过市级专业技能竞赛一等奖，学习成绩也不错，因此，毕业时对找工作充满信心。小陆曾向几家大型企业投简历，却无一回应，后来，他找了几家计算机服务企业但没有被录用，于是产生了自卑感，在后来的择业过程中表现越来越差，陷入恶性循环而不能自拔，以至于最后连招聘会都不愿意去了，毕业半年了，也未能落实就业单位。

当中职学生置身于就业大军的洪流，面对就业的双向选择，机遇与困难同时呈现在眼前，难免产生心理矛盾与冲突，甚至出现较严重的心理应激问题，只有主动走出心理的困扰，才能以最佳的状态面对职业选择的各种挑战，找到适合自己的工作岗位。

一、中职毕业生择业常见的心理困扰

（一）焦虑心理

焦虑是由心理冲突或挫折引起的，是紧张、不安、焦急、恐惧等感受交织在一起的情绪状态。绝大多数中职毕业生在择业过程中都会产生或多或少的焦虑。适度的焦虑可以催人奋进，但过度担心求职中的困难与结果就会令人忧心忡忡。一些性格内向、成绩和能力一般、不善于包装自己、在临近毕业就业单位仍无着落的学生焦虑更为严重。他们会明显表现出心神不宁、烦躁不安、意志消沉，影响择业。

（二）自卑心理

自卑是由于自尊心受到伤害或挫折，由此产生心理矛盾和心理冲突且没有及时解决而形成的。自卑是一种消极的情感体验，也是一种性格上的缺陷。不少中职学生不同程度地存在自卑心理，一些性格内向、表现一般的学生尤为明显，面对择业市场，不敢大胆推荐自己，总担心自己不如别人，自卑的学生往往并不是真的能力不如别人，只是过低的自我评价压制了能力的发展和表现，其结果是不能很好地向求职单位展示自己的才能，导致错失良机，降低了求职成功率。

（三）自负心理

与自卑心理相反，有的中职学生在择业过程中自我评价太高，对就业条件的要求苛刻，形成自负心理。有的认为自己在择业中具备种种优势，如学习成绩优秀、思想素质好、求职门路广等。高估自己，缺乏自知之明，对求职单位百般挑剔，甚至提出过高要求。导致求职时高不成、低不就，难以找到满意的工作。

（四）攀比心理

在择业中，由于个人生活环境、家庭背景、能力、性格和机遇不尽相同，因而在择业目标、职业选择上不具有可比性。但一些中职学生在求职时不考虑自身特点，对自我缺乏客观分析，盲目攀比，看到别人找到一个好的工作，就感觉必须找一个至少不比别人差，甚至是更好的工作才能获得心理上的平衡。导致择业时目标设计过高，错失就业机会，陷入苦恼之中无法自拔。

（五）依赖心理

有的中职学生独立决策能力不强，缺乏进取精神、主动参与意识和竞争意识。在择业过程中，表现出信心不足，不主动参与就业市场的竞争，不向用人单位展示和推销自己，不依靠自身努力去赢得用人单位的青睐，而是依赖父母、依赖学校和老师帮助其选择职业，在招聘会上，时常会看见家长代替小孩参加应聘的现象。有时面对就业机会，他们会犹豫观望、摇摆不定，导致在择业中不断错失就业机会。

（六）盲目心理

一些中职毕业生缺乏对社会的真正了解，不关注社会变化和发展，不能客观分析社会的职业需要，盲目地随大流，别人说好的工作，他们就认为是好工作，不对工作性质进行思考，也不对自己职业兴趣、职业能力进行剖析，不进行人职匹配，人云亦云，容易丧失发挥自己特长的机会。

二、中职学生择业心理调适

（一）自我意识增强法

要进行择业心理的调适，就必须学会正确地认识和评价自我，这是自我调适的基础，只有科学地认识和评价自我，才能找到自我调适的立足点。要进行择业心理调适，首先要学会自我反省。面对纷繁复杂的择业环境，能冷静地、理智地认识自我、评价自我，明确今后的职业发展方向、兴趣爱好、性格特征、自己最适合的工作、优势和劣势等。恰当的自我意识是谦虚和自信的统一，通过不断地自我反省就能发现不足、扬长避短，使自己在择业过程中始终处于主动地位。

（二）合理宣泄法

心中的郁闷埋藏得越深越久，对自身的伤害也就越大。心理学研究表明，适度宣泄是消除不良情绪的最简单和最有效的方法。择业过程中如果产生紧张、焦虑、痛苦等情绪状态时，要运用自己可接受的方式将情绪合理地宣泄出来。如找亲密的朋友倾诉，寻求安慰与支持，或用书写的形式将情绪诉诸笔端，或者干脆痛哭一场，彻底地释放情绪，又或者进行跑、跳等身体运动，将情绪能量发泄出来……总之，不能将择业过程中产生的消极情绪一味地藏在心里，而是要通过各种不伤害他人和自己、不危害社会的合理方式进行宣泄，恢复心理平衡。

（三）情绪转移法

择业过程中一旦产生消极情绪，可以采取迂回的办法，把自己的情感和精力转移到其他方面，从而消解不良情绪带来的不良影响。例如，学习一些新的知识和技能、参加一些有兴趣的活动、听听音乐、看场电影、唱唱歌等，将精力投入到自己感兴趣的活动中，通过活动冲淡自己的消极情绪，从而摆脱情绪困扰，恢复积极的情绪。

（四）自我安慰法

这里的自我安慰，指的是在自己不顺心和不如意的时候，能够自己替自己辩解。常言道："退一步海阔天空。"在择业过程中，由于各种原因，我们难免会遇到困难和挫折，这时我们可以安慰自己，凡事不可能尽善尽美，自己已经尽力，现实如此也不是不可以接受，甚至我们可以有点"酸葡萄"或"甜柠檬"的心理。在择业过程中受挫，可以这么想：这个单位也不是特别好。就像吃不到葡萄说葡萄酸一样。或者可以这么想：这家单位没选择我，让我有更多更好的选择机会。

自己的柠檬是甜的，以自己的能力，也许能找到更好的工作。通过这样的方式让自己保持积极力量，投入新的职业选择中。

（五）松弛练习法

松弛练习法是指通过心理和身体的放松练习，帮助人们减轻或消除不良的身心反应的方法。在生理上，焦虑是与肌肉紧张相关联的。如果自己的肌肉得到放松，那么整个躯体也会得到放松，最终精神也会得到放松。放松练习可以帮助中职学生减轻和消除因择业造成的各种不良身心反应，如焦虑、紧张、失眠等。中职学生在执业中遇到这类消极的身心反应，可以在专业人员的指导下，一步步地尝试练习，放松身体，进而放松心情。

（六）理性情绪法

心理学的研究认为，人的情绪有理性和非理性之分，这两种情绪都会引导人对事物的认知程度和感受方向，也会左右人的情绪变化。研究表明，人的不良情绪产生于人的非理性观念，因此，要改变人的不良情绪，就要设法将人的非理性观念转变为理性观念。中职学生择业中的很多不良情绪主要来自自身的非理性观念，如“学了三年技术，就业肯定是没问题的”“就业形势那么严峻，中职学生根本找不到好工作”等。正是这些非理性的观念导致其产生消极情绪，如果能有针对性地矫正此类非理性的理念，其消极情绪就能得到缓解和消除。

三、中职学生健康择业心理培养

（一）树立正确的择业观

择业观对中职学生求职和择业都有直接的影响。树立正确的择业观的核心就是要坚持立足社会的择业取向。中职学生在择业时应以社会需要为重，以社会利益作为根本前提，应在充分了解自身特点和社会需求的基础上建立自己的职业理想，认清自我理想与社会现实的关系。要认识到职业不仅是谋生的手段，而且是履行社会义务，实现个人价值的途径。

（二）进行角色换位

在求职过程中，中职学生要尽快地转变观念，以普通求职者的角色面对求职问题，正确认识自己的求职地位，积极投身职业市场，了解职业市场需求，适应社会对职业人才的需求。

（三）调整择业期望

很多中职学生在择业之初会满怀信心，但在实际择业过程中，却发现自己预期的就业理想无法实现。因此，中职学生要在了解社会就业形势的基础上调整择业的期望，切合实际地选择自己的职业定位，从小事做起，从基层入手，循序渐进地发展自我。

（四）增强择业的自信心

自信是一种强大的内驱力，是一个人积极向上的力量源泉。自信的人面对他人时，会充分地展示自己，赢得他人的信任。中职学生要在客观认识自我的基础上，增强择业的自信心，才能在择业过程中，将自己良好的面貌和自身的能力充分展示出来，得到用人单位的认可，实现就业。

（五）增强择业的独立性

职业与个人未来一生相伴。在择业过程中，中职学生需要独立面对择业过程中的各种状况，对自己的行为全面负责。因此，应积极树立独立意识，培养独立的思维与判断能力。在择业过程中，可听取父母的建议，但不依赖父母，而是自主选择自己的职业及未来的发展方向，坦然面对择业中的压力和挫折，有效地进行自我调节，才能在竞争中脱颖而出，追求更好的发展。

总之，择业的竞争很大程度上是心理素质的竞争，中职学生应理智地看待这种竞争，客观地评价自己，冷静地分析形势，适时地进行自我调节，以平和的心态应对挫折和失败，以乐观坚定的信念迎接挑战，进而实现成功就业。

模块四　创业条件准备

【成长案例】

小苏是某中职学校广告设计专业毕业班的学生，别人忙着去找工作，他则想着要自己创业。他认为自己在广告公司实习了几个月，对技术和工作流程已经很熟悉了，可以自己开广告公司做老板了。于是他跟家里商量，筹备了 5 万元，租了店面，购置了电脑、打印机、扫描仪、电焊机、切割机、冲击钻等。一毕业，他的广告公司就正式开业了。但他很快就发现创业没有想象的那么简单。单给客户报价就是一件非常棘手的事情，由于不了解市场价格，他甚至做了亏本生意。一次，他帮一餐饮业客户做宣传单，由于校对错误，印出来的几千张宣传单全部作废。不仅多花了 4 天时间，倒赔了 600 多元，还损害了公司的信誉。由于开业后广告业务一直不多，也没有形成品牌效应，扩大营业规模，在苦苦支撑了一年后，他被迫关闭了公司，结束了第一次创业生涯。

自主创业作为一种新的就业渠道正成为许多学生自谋出路、展现自我、锤炼自我、体现自身能力与价值的选择。但创业市场机遇与风险并存，一方面商机无限，另一方面风险无边。有人说现在市场遍地都是创业机会，只要愿意做，就能成为创业者，至于其他，可以边做边学，没什么了不起。有人说创业者必须善于把握机会，才能在纷繁复杂的市场中寻找属于自己的商业机会。有人说创业者应具有领袖精神，具备一定的创业特质和非凡的执行力，即便经历创业失败，但最终一定能创业成功。也有人说创业者应是一个爱学习、意志力坚强的人，因为只有具备这样素质的人才能不断适应日新月异的变化，并在创业过程中凭借坚强的意志战胜困难，最终获得成功……。那创业者究竟要具备怎样的条件才有可能创业成功呢？作为在校的中职学生，要想在毕业时进入创业市场，就要精心储备创业所需的知识、能力，提升心理素质，了解自身特点与市场需求，不断实践，才能“知己知彼”，增强胜算，在未来的创业市场打拼出属于自己的创业天地。

一、知识准备

（一）市场营销知识

任何一家企业都必须通过营销与市场接轨，实现企业运转与赢利。中职学生创业者应掌握市场预测与调查、消费心理、产品定价和策略、销售渠道和方式、营销管理等市场营销知识，进而建立一套有效的集客户开发与服务提供的企业运作流程，在产品或服务营销中争取先机，把握机会，实现营销利益的最大化。

（二）企业管理知识

企业管理是指对企业内部人、财、物的全方位管理。恰当的企业管理能让企业人尽其才、物尽其用、财尽其明，让企业充满生机与活力，不断给企业带来新的利润增长点。在创业过程中，许多中职学生创业者由于企业管理知识与经验不足，没有从职业角度整合资源，导致创业失败。因此，中职学生创业者必须学习员工管理、绩效管理、时间管理、物流管理、财务管理等企业管理知识，以组建结构合理、分工明确的创业团队，制订合理的企业规章制度，建构企业的决策、激励与评估机制，奠定创业成功的基石。

（三）相关法律及政策知识

企业是在法律与政策框架下运作的，中职学生有必要掌握与创业相关的法律与政策，如经济法常识，劳动法常识，工商、税务等行政部门的政策与规定等。此外，这几年来，我国为了推动创业出台了相关的优惠政策，特别是对学校毕业生创业者在企业开办的审批手续与经费及税务等方面提供了优厚的政策支持，有些地方政府还组建了各类创业者孵化器，从资金、技术、导师等多方面提供支持。

【知识链接】

国家扶持应届毕业生自主创业

2003 年 6 月底，国务院办公厅出台了一项鼓励学校毕业生自主创业和灵活就业的新政策，规定对从事个体经营的高校毕业生实行免交登记类和管理类行政事业性收费。凡是应届毕业的大中专学生，只要不是从事国家限制的行业，包括建筑业、娱乐业以及广告业、桑拿、按摩、网吧、氧吧等，自工商部门批准其经营之日起，1 年内免交登记类和管理类的各项行政事业性收费。免交的收费项目有：工商部门收取的个体工商户注册登记费（包括开业登记、变更登记、补换营业执照及营业执照副本）、个体工商户管理费、集贸市场管理费、经济合同鉴证费、经济合同示范文本工本费；税务部门收取的税务登记证工本费；卫生部门收取的民办医疗机构管理费、卫生监测费、卫生质量检验费、预防性体检费、预防接种劳务费、卫生许可证工本费；民政部门收取的民办非企业单位登记费（含证书费）；劳动保障部门收取的劳动合同鉴证费、职业资格证书费；公安部门收取的特种行业许可证工本费；烟草部门收取的烟草专卖零售许可证费（含临时的零售许可证费）；国务院以及财政部、国家发展改革委批准的涉及个体经营的其他登记类和管理类收费项目。

（四）财务知识

如果把企业的管理、营销、策划等领域归属企业上层建筑的范畴，那么财务体系就是企业的经济基础。从这一意义上说，企业的财务管理很大程度上决定企业的生存与发展。因此，中职学生创业者必须掌握基本的财务管理知识，通过各类财务报表，如资产负债表、损害表、现金流量表等了解企业的经营情况，以科学精确的财务管理保证企业资金运转流畅，避免因资金的断链问题影响企业的发展，甚至导致创业失败。

二、能力准备

一个美国小伙子中学毕业后立志做一名优秀的商人，后来他考入了麻省理工学院，但没有直接去读贸易专业，而是选择了工科中最普通最基础的专业——机械。这着棋很妙，做贸易必须具备一定的专业知识。大学毕业后，这位小伙子没有马上投入商海，而是考入芝加哥大学，开始攻读为期三年的经济学硕士学位。几年下来，他在知识上已完全具备了商人的素质。出人意料的是，获得硕士学位后，他还是没有从事商业活动，而是考了公务员，去政府部门工作。他深知，经商必须具有很强的交际能力。在政府部门工作了 5 年后，他辞职下海经商，业绩斐然。又过了两年，他开办了拉福商贸公司。20 年后，拉福公司的资产从最初的 20 万美元发展到 2 亿美元。这位小伙子就是美国知名企业家比尔·拉福。他的成功经验告诉我们，一个人要想创业成功，必须练就多种能力。

创业者的能力是创业者完成某种活动所必备的个性心理特征，是影响创业者活动效果的基本因素，是创业成功的必备条件。创业活动纷繁复杂，要求创业者必须具备多种能力。从创业活动所涉及的心理与行为领域来分，可将创业能力分为专业能力、方法能力和社会能力三类。

（一）专业能力

专业能力是指与经营方向密切相关的岗位要求能力，是提高创业成功率的重要因素，是创业的前提。一般而言，创业者应具备的专业能力主要有三个方面：第一，从事企业内部主要职业岗位所必备的能力；第二，动态地领会和把握与经营方向有关的新技术能力；第三，环保、能源、质量、安全、经济、劳动等知识和法律法规的运用能力。

（二）方法能力

方法能力，即创业所需要的工作方法，是创业的基础能力。一般包括信息的接受和处理能力、捕捉市场机遇的能力、分析和决策能力、迁移和创造能力、申办企业的能力、确定企业布局的能力、发现和使用人才的能力、理财能力以及调节和控制能力等。

（三）社会能力

社会能力是创业过程中所需要的行为能力，是创业能力的核心，是创业的保证。主要包括人际交往能力、谈判能力、企业形象策划能力、合作能力、自我约束能力、适应变化和承受挫折的能力等。

三、心理素质准备

创业心理素质是指与个体创业活动密切相关，对个体创业活动成败构成直接影响的心理素质，是个体创业素质的基础。创业心理素质既包括以创新思维为中心的智力因素，如观察力、判断力、决策力等，也包括以心理健康状况为中心的非智力因素，如自信心、稳定的情感、坚强的意志、人际交往能力、团队合作精神等。创业者心理素质对创业实践起着重要的调节作用，一位成功的创业者必须具备良好的心理素质。

（一）自信独立，目标坚定

对创业者来说，信心是创业的动力，目标是创业的方向。创业者应认识自我，根据市场的需求变化，确定正确且令人奋进的目标，坚定信念，充满信心，始终把成功的可能性建立在自己身上，坚信自己能战胜一切困难，攀登预定的目标高峰。创业是一个需要长期坚持、努力奋斗的过程，创业者要朝着既定的目标前行，纵有千难万险，仍要坚持不懈，不可半途而废。

（二）敢于行动，勇于承担

行动是实现创业计划的必要前提。责任是保证创业活动有效进行的首要因素。在市场经济大潮中，面对众多商业机会，中职学生创业者要敢于行动，勇于实践，才能把握创业机会，也只有通过持续的创业行动才能不断推进创业进程。另外，创业活动必然存在风险，问题与失败也是在所难免的，中职学生创业者应勇敢面对问题与失败，勇于承担责任，以强烈的责任感应对创业活动中出现的各种情况，以促进企业的正常经营与健康发展。

（三）勤于学习，勇于创新

创业在很多中职学生看来是一种极具浪漫主义和英雄主义的行为，是用自己的智慧和双手取得“第一桶金”。创业，意味着学习与创造，需要创业者不断学习，具有开拓精神；需要创业者面对从来没有面对过的工作内容，创造性地解决从来没有碰到过的各类问题。从某种意义上讲，创业者就是创新者，创业精神就是创新精神。如今，市场竞争激烈，缺乏创新的企业很难站稳脚跟，改革和创新永远是企业活力与竞争力的源泉。

（四）诚实守信，善于合作

对企业和商家来说，诚信如同“生命”，只有拥有诚信，才能创造无价的财富。作为一种特殊的资本形态，诚信日益成为企业的立足之本与发展之源。同时，创业也离不开与人的沟通、合作，创业者只有恪守诚信，善于与创业团队及外部人员保持良好沟通，才能立足于市场，为企业赢得荣誉，使企业获得持久发展。

（五）主动适应，善于调节

市场变化多端、竞争激烈，创业者灵活地适应变化，善于进行自我调节是创业成功的关键所在。因此，创业者必须具备极强的信息意识和对市场走向的敏锐洞察力，瞅准行情，抓住机遇，主动适应市场变化，并善于进行自我调节来应对各种压力，冷静分析问题，找出原因，积极处理与解决创业过程中的各种问题。

【心理故事】

创业与年龄无关

小丁是深圳某职业技术学院大一的新生，在他入学后不久，某大赛的国际总决赛就在该院盛大举行。让老师们大跌眼镜的是，这个应用英语系文化市场经营与管理专业的大一新生竟然是这次大赛的中国总决赛助理导演和国际总决赛赛务统筹。没人知道，小丁 12 岁就开始学习创业知识，14 岁开始创业实践，17 岁就创办了自己的文化公司。记者来采访大赛才知道小丁就是那个艺名叫“丁叮”的模特经纪人。传说中的“丁叮”，不仅是个手中握有 1 000 多名模特资料的经纪人，而且还参与操办过 20 个世界级模特大赛和 200 多个大型活动晚会、酒会。记者实在没忍住问了他的年龄，小丁坦白地说出了自己的真实年龄——29 岁。着黑衬衫，拎电脑包，神色凝重，步履匆忙，满嘴新经济名词，这个还是大男孩的“90 后”已经像大男人那样在战斗。白天，他是大学生，周末和课余时间，他往返于学校与公司之间，变换着学生与总经理的双重角色。

小丁出生在深圳龙岗区一个富裕的家庭，小时候调皮叛逆。小学毕业那天，他在酒吧与伙伴们狂欢到凌晨两点多才回家，哥哥知道后狠狠地打了他一顿。正是这一顿打让他开始转变。他意识到真正被人尊敬要靠自己的实力，于是年仅12岁的小丁开始了与同龄孩子不同的生活轨迹。12岁的他跑到龙岗成人培训中心报名学习新闻学和市场营销等课程，成为培训中心最小的学生。这样的生活延续到他上初二。一天，他去应聘《中国服饰报》的客户外联职位，当被负责人以年龄太小拒绝后，他当场拿出一份含有深圳300多家服装企业的厂名、厂址、厂长联系电话和服装风格的资料，侃侃而谈自己对服饰的看法，最终被报社破格录取。

由于创业活动较多，小丁经常请假，这个“不务正业”的学生在学校显得很异类，但小丁在圈内却做得越来越得心应手。他先后在《中国服饰报》社《中国纺织报》社和《中国时装报》社做客户外联工作，2006年被世模赛导演发掘，开始从事大型活动的策划和组织工作，大三时便成立了自己的文化公司。他说：“我做事的时候非常认真，甚至不计报酬”，他经常倒贴交通费、电话费，他参与策划过200多场活动，但只有4%的活动得到了报酬，但小丁却因此获得了锻炼的机会，积累了人脉。

要收获必须先付出。从14岁起他就一直在成人世界转。这几年，他每天的睡眠时间不超过5小时。“现在不少大学毕业生就业难、创业难，就是因为目标不清楚，没有清晰的定位。”小丁这样评价身边的“90后”：“他们很迷茫，包括一些师兄师姐，很多人读书就只是为了高考，根本没有人生目标，高考填志愿的时候都很盲目，这是很恐怖的事情，很多人直到大学毕业都不知道自己能干什么，想干什么。”

有人这样分析和总结：何时开始创业，不能单从年龄、资金的角度考虑，而应该客观评估创业条件。小丁其实是一个很好的例证。创业无时间表，准备好了，就可以创业。同理，没有创业准备，就算有1 000万启动资金，年龄30岁的青年依然不适合创业。对于创业者来说，创业不分年龄，创业资源配置到位之日就是创业之时。

【心理测试】

创业心理素质小测试

创业者心理素质决定创业成败。如果你准备创业，不妨先对自己创业心理素质做一个初步的评估。以下是美国HMO协会设计的小测试，通过测试，你可以了解自己具备哪些创业心理素质，为将来培养创业心理素质提供参考。

1. 在亟须做出决策的时候，你是否在想：“再让我考虑一下吧！”

A. 经常　　B. 有时　　C. 很少　　D. 从不

2. 你是否为自己的优柔寡断找借口说："是得好好慎重考虑，怎能轻易下结论呢？"

A. 经常　　B. 有时　　C. 很少　　D. 从不

3. 你是否为避免冒犯某个或某几个有实力的客户而有意回避一些关键性的问题甚至表现得曲意奉承呢？

A. 经常　　B. 有时　　C. 很少　　D. 从不

4. 你已经有了很多写报告用的参考材料，但仍要求别人继续提供？

A. 经常　　B. 有时　　C. 很少　　D. 从不

5. 你处理往来函件时，是否读完就扔进文件筐，而不采取任何措施？

A. 经常　　B. 有时　　C. 很少　　D. 从不

6. 你是否无论遇到什么紧急任务，都先处理琐碎的日常事务？

A. 经常　　B. 有时　　C. 很少　　D. 从不

7. 你非得在巨大的压力下才肯承担重任吗？

A. 经常　　B. 有时　　C. 很少　　D. 从不

8. 你是否无力抵御或预防妨碍你完成重要任务的干扰与危机？

A. 经常　　B. 有时　　C. 很少　　D. 从不

9. 你在决定重要行动计划时常忽视其后果吗？

A. 经常　　B. 有时　　C. 很少　　D. 从不

10. 当你需要做出可能不得人心的决策时，是否找借口逃避而不敢面对？

A. 经常　　B. 有时　　C. 很少　　D. 从不

11. 你是否总是在快交作业时发现作业没做，只好赶工写作业？

A. 经常　　B. 有时　　C. 很少　　D. 从不

12. 你是否因不愿承担艰苦的任务而寻找各种借口？

A. 经常　　B. 有时　　C. 很少　　D. 从不

13. 你是否从来不会躲避或预防困难情形的发生？

A. 经常　　B. 有时　　C. 很少　　D. 从不

14. 你总是拐弯抹角地宣布可能得罪他人的决定？

A. 经常　　B. 有时　　C. 很少　　D. 从不

15. 你喜欢让别人替你做自己不愿做的事吗？

A. 经常　　B. 有时　　C. 很少　　D. 从不

计分："经常"得 4 分，"有时"得 3 分，"很少"得 2 分，"从不"得 0 分。

得分 50 分以上：你的个人素质与创业者相差很远。

得分为40～49分：你不算勤勉，应提高效率，否则创业只是一句空话。

得分为30～39分：你在大多数情况下充满自信，但有时犹豫不决，不过没关系，有时候犹豫是成熟、稳重和深思熟虑的表现。

得分为15～29分：你是一个高效率的决策者和管理者，更是一个有成功潜质的创业者，具有良好的心理素质和坚忍不拔的毅力。

【拓展训练】

命运之牌

1. 准备写有不同内容的小纸牌若干（纸牌内容附后），并将其装在一个盒子里，另外，准备两三首舒缓的音乐。

2. 主持人说活动导语：由于受到出生环境等各种因素的限制，每个人的命运是不同的。有的同学可能对自己的家庭环境不满意，有的同学可能对自己的长相不满意，有的同学可能对目前的自己不满意……假如每个人都能获得第二次生命，命运可以重新选择，从现在起，你就是牌上的这个人，设想一下你处在这种情况下的命运，再看看自己目前的处境与假设的第二次人生选择的处境相比，有什么不同？

3. 主持人让同学们随机从盒子里抽取一张纸牌，一旦从盒子里抽出纸牌，就不得再更换。如果一定要更换，只允许换比原来纸牌内容更糟糕的。

4. 同学之间交流全新的“自己”，并询问是否满意纸牌上的“自己”。生命只有一次，你该怎样面对现在已经拥有的生活？

5. 同学代表分享自己拿到纸牌后的感受与想法。

____

____

____

____。

附：纸牌的内容

说明：下面纸牌的内容仅供参考，在使用时可根据实际情况自行设计。

1. 自己不幸患了癌症，家里没有钱治疗。
2. 因家中意外发生火灾，脸部被大火烧伤，留下了一个很难看的伤疤。
3. 父母离异，经济困难，读书条件很差。
4. 出生在西部一个贫困山区，父母无力供养自己读书。
5. 父母不幸患了重病，治疗花了很多钱，家庭经济紧张。

6. 家庭经济困难，不能支付目前的学习费用。

7. 与周围的同学人际关系紧张，很不受大家的欢迎。

8. 患有小儿麻痹症，生活很不方便。

9. 小时候因中耳炎治疗不彻底而变聋。

10. 一只眼睛因意外事故而失明。

11. 相貌普通，在班级里不引人注意，学习等各方面表现一般。

12. 学习成绩优秀，但人缘很差，不受老师和同学欢迎。

13. 妈妈太唠叨，管得太多，让自己不舒服。

14. 以前家里很富有，现在却因意外事故而陷入经济拮据状态。

15. 出生在一个普通的工人家庭。

16. 目前的学习成绩很差，经常被一些同学看不起。

17. 患有口吃，常被同学模仿而引起大家的嘲笑。

18. 因肥胖经常被大家嘲笑。

19. 身高低于同龄人平均水平。

20. 学习成绩不理想，努力用功后效果仍然不明显。

21. 除了学习外，基本没有其他业余爱好。

22. 鼻子塌，影响了容貌。

23. 患有先天性心脏病，很容易疲劳。

24. 在入学第一年取得了全市职业技能竞赛一等奖。

25. 被评为“十佳校园明星”。

26. 出生在一个贫困山区的农民家庭。

27. 家人外出旅游时遇到意外去世了。

28. 走路时不小心被车撞倒，头部严重受伤。

29. 父母对自己要求很严、很专制，自己很不自由。

30. 家庭经济条件好，但父母关爱较少。

【成长感悟】

1. 请用“5W 归零思考法”对目前这一阶段影响自己制订职业生涯规划的主观及客观因素进行全面分析，初步制定职业生涯规划目标。

（1）我是谁？

优点：____

____

____

____

____。

缺点：____

____

____

____

____。

（2）我想做什么？

①____

②____

③____

④____

⑤____

⑥____

（3）我能做什么？

①____

②____

③____

④____

⑤____

⑥____

（4）环境支持或限制我做什么？

支持：____

____

____。

限制：____

____

____。

（5）我的职业生涯规划是什么？

____

____

____。

2. 你有创业意向吗？如果有，你会采取哪些途径与方法提升你的创业心理品质呢？

____

____

____。

参考文献

[1] 张玲. 心理健康研究与指导[M]. 北京：教育科学出版社，2001.

[2] 李咏吟. 学习心理辅导[M]. 广州：广东世界图书出版有限公司，2003.

[3] 彭聃龄. 普通心理学[M]. 北京：北京师范大学出版社，1988.

[4] 谭北麟. 情绪软体操[M]. 深圳：海天出版社，2005.

[5] 杨敏毅，鞠瑞利. 学校团体心理游戏教程与案例[M]. 上海：上海科学普及出版社，2006.

[6] 孟万金. 积极心理健康教育[M]. 北京：中国轻工业出版社，2008.

[7] 铃子. 铃子心理咨询手记[M]. 北京：化学工业出版社，2007.

[8] 向周朝，尹秋云，王旭光. 心理教育教程[M]. 北京：北京工业大学出版社，2017.

[9] 焦雨梅，等. 心理健康教育[M]. 镇江：江苏大学出版社，2014.

[10] 吴培娟，黄文灵，王家旺. 心理健康教育[M]. 北京：北京理工大学出版社，2012.

[11] 石建宁，张素梅. 心理健康[M]. 长春：吉林大学出版社，2010.

[12] 钟一明. 就业指导[M]. 杭州：浙江大学出版社，2010.

[13] 江光荣. 心理咨询的理论与实践[M]. 北京：高等教育出版社，2005.

[14] 李慧霞，张博萍，宋贵斌. 大学生心理健康教育[M]. 长沙：湖南师范大学出版社，2018.

[15] 张潮，杨晓荣. 自助与成长——大学生心理健康教育[M]. 北京：教育科学出版社，2010.

[16] 黄群瑛. 大学生心理素质训练[M]. 大连：大连理工大学出版社，2008.

[17] 曾凡龙，谌海燕. 大学生心理健康[M]. 上海：上海交通大学出版社，2004.

[18] 何昭红，覃干超. 心理健康与成功人生[M]. 桂林：广西师范大学出版社，2007.

[19] 杨治良，郝兴昌. 心理学辞典[M]. 上海：上海辞书出版社，2016.

[20] [美]罗伯特·费尔德曼. 发展心理学——人的毕生发展[M]. 苏彦捷，译. 北京：北京世界图书出版有限公司，2013.

[21] 李家丽. 中职心理健康教育[M]. 北京：北京师范大学出版社，2015.
[22] 课程教材研究所职业教育课程教材研究开发中心. 心理健康[M]. 北京：人民教育出版社，2009.
[23] 叶艾仲. 心理健康[M]. 北京：电子工业出版社，2015.
[24] 宋风宁. 大学生心理健康教育读本[M]. 桂林：广西师范大学出版社，2007.